リスト

このリストの書き方、使い方は
本書129~133ページに!!

友人・近所の仲間

名前	電話

そのほか

名前	電話

キリトリ線

やってお

キリトリ線

やっておきたいこと

記入欄	記入した日

「こんなに尽くしているのに感謝の言葉もない」

「何で私だけこんなに犠牲にならなければならないの？」

「いっそ私のほうに、早く迎えがきてほしいと思うんです」

「いつまでこの状況が続くのか……限界です」

看護師として、介護の現場で、
たくさんの方の苦しみ、悩みを聞いたり
見たりしてきました。

家族仲が悪かった方たちばかりではありません。
「介護」が引き金になり、
徐々に心が離れていった……。
何より悲しいのは、
苦しんでいる皆さんの多くが
非常に頑張りやで、
一生懸命に介護に取り組んできた方
だということです。

相手のためになんとかしたい。
困ったときに本当に助けられるのは、家族だけ。
そんな思いで、自分の時間を犠牲にして、
介護に必死に取り組みすぎたために、
限界がきてしまったのです。
また、体力的にも、精神的にもうまくいかず、
できないことに罪悪感を覚え、悩んでいる。

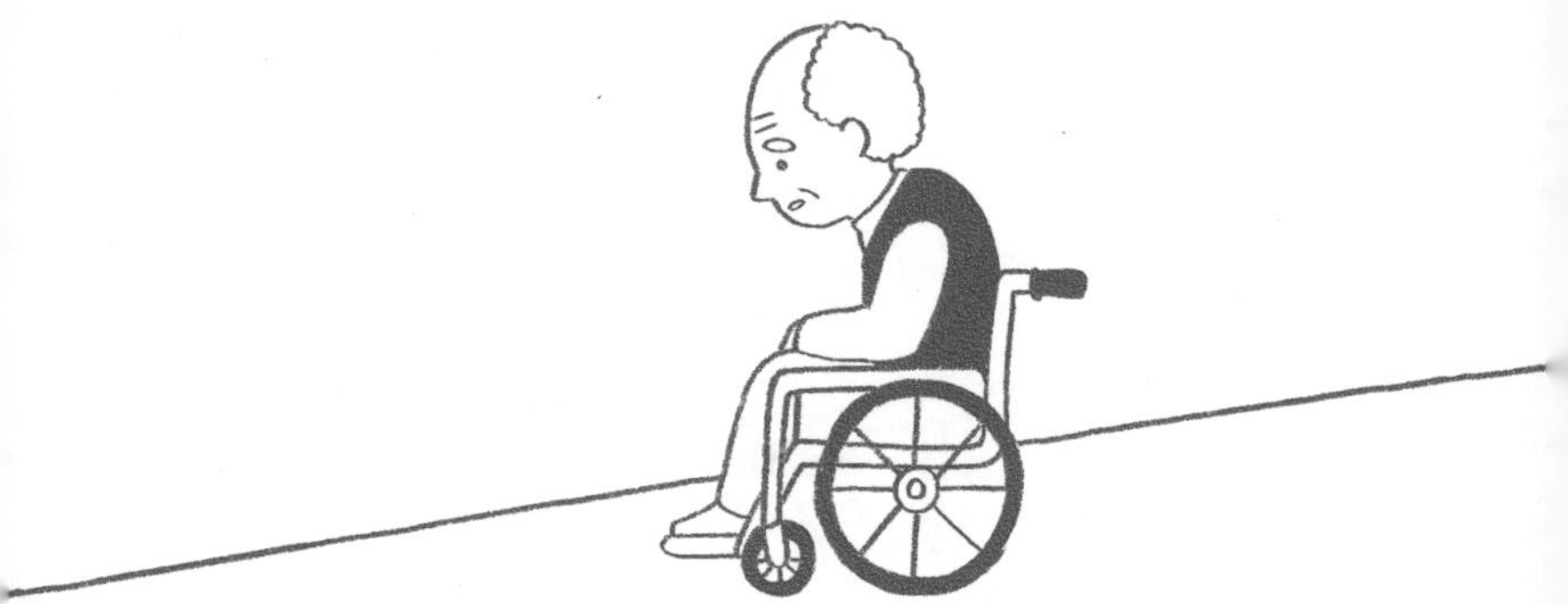

そんな方たちにも多く出会ってきました。
介護、特に**加齢により、**
精神的にも肉体的にも
衰えてきた人同士が行う
老老介護（65歳以上が65歳以上を介護すること）
には、これをすれば、すぐにすべてがラクになる。
この制度や道具で悩みが解消される。
そんな魔法のようなものはありません。

しかし、**接し方を少し変えてみる。**
地方自治体の制度を上手に使ってみる。
民間のサービスに頼ってみる。
便利な道具を使ってみる。

そんなちょっとしたことを
知っているかどうか、
実践するかどうかで、

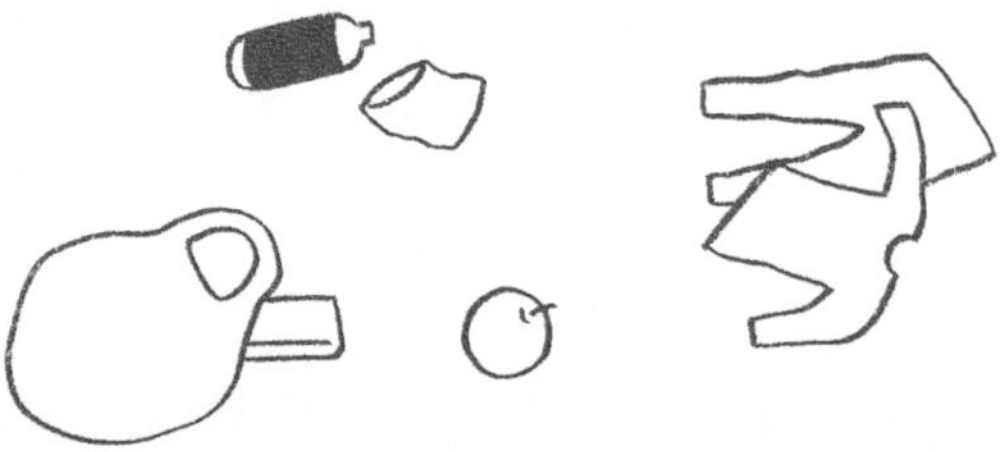

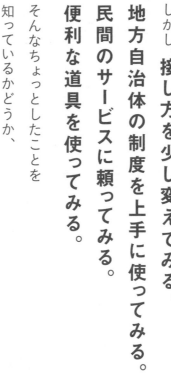

介護の苦しみは、少しラクに
なっていきます。

例えば、歩行が困難になった旦那さんを
介護し続けてきたAさん。
ケアマネージャーと相性が悪く、
相談したり、悩みを聞いてもらったり
できずにいました。

そんなある日、

「ケアマネージャーは、
替えられる」

ということを知って替えてもらったところ、
なんでも相談できる、相性のいい
ケアマネージャーと出会うことができました。
こちらの要望も伝えやすくなり、
悩みを相談できるようになったことで、
気持ちが随分ラクになったそうです。

また、病気で体の弱った父親の
介護を、急にすることになったBさん。
ずっと働いていたパートを辞め、実家に戻り、
在宅介護をはじめました。

「赤の他人の世話にはなりたくない」

そういう父の意思を尊重して、
Bさんは、1人で介護をしていました。

それまで、親子仲は悪くなかったのですが、
24時間かかりっきりの世話をしていくうちに、
父子の関係は、
ぎくしゃくしたものとなっていきました。
いろいろなわがままがつらかったのもありますが、
威厳のあった父親像が
崩れていくのを、目の当たりにすることが、
もっともつらかったといいます。

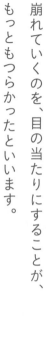

そこで、**地域包括支援センターや**
周りの方に相談したところ、
父親が信頼を寄せているかかりつけ医に、
「介護保険」の導入を、それとなく
うながしてもらえるよう、
取り計らってくれました。
それが功を奏して、父親は
徐々に他人の介護を受け入れ、

Bさんは、自分の時間をつくれるようになりました。
心にも余裕が生まれ、父親にやさしく接するようになって、
関係性が戻りつつあるようです。

誰に相談すればよいのか、
どういう人たちが、どう助けてくれるのか、
そういった情報を知るだけで、
すべての悩みが解消するわけではありませんが、
身も心も少し軽くなるはずです。

高齢化が進み、介護保険ができて
20年以上がたちました。
まだ問題は山積みですが、
社会全体で高齢者の生活を支えようと、
さまざまな仕組みが整備されてきています。
いろいろなコツもわかってきました。
介護の補助や金銭の補助、便利な道具など、
介護を助けてくれるものが、
あなたの周りに実はたくさんあります。

ただ、介護支援は多岐《たき》にわたるため、その情報が
まとまっておらず、サービス内容を
把握できないままでいる方も少なくありません。
また、要介護者の体の起こし方、支え方など
ちょっとしたコツを知るだけでも
日々のつらさが軽減します。
そこで本書では、介護をラクにするために
知っておいたほうがいい情報を全部まとめることで、
つらい介護から一歩を踏み出すきっかけになれば——

そんな思いを込めてつくりあげました。

今、この文章を読んでいるのは、
老老介護で苦しんでいる方も、
ご自身や親ごさん、パートナーが高齢になった
ときのことを考え、不安に思っている方もいるでしょうし、
ご自身が介護を受けている方かもしれません。
本書は、そんなさまざまな立場の方たちに
役立つ情報を網羅《もうら》し、

さらに、介護をする側とされる側の
関係性がよくなるアドバイスも集めました。

**介護は、多くの方の人生の最後に
必ず訪れるもの**です。

そんな人生の最後が、
介護のせいで、お互いにとって
つらいものとなってはいけません。
ちょっとした接し方や、考え方を変えただけで、
介護をする側とされる側の関係性がよくなったという
実例を、私はたくさん見てきました。

決して介護の苦労が
すべて消えることはありません。
ですが、心身ともに少しでもラクができれば、
介護を終えて時間がたったとき、

「大変だったけど、
あれもいい思い出だった」

と振り返られる日が訪れるものです。
本書があなたのそのような未来への
道しるべになれれば、幸いです。

老老介護で知っておきたいことのすべて

幸せな介護の入門書

看護師
坪田康佑

アスコム

目次

第1章

老老介護を苦しめる原因とは

第2章

老老介護で悩む人が見落としがちなこと

第3章

「介護保険制度」はあなたを助ける最高の「仲間」

第4章

あなたの介護を助ける「仲間」はもっといる

第5章

認知症になった家族との向き合い方

第6章

介護にかかる「お金」の不安を取り除く

第7章 介護をラクにする「生活・健康の知恵袋」

本書で紹介している制度などの情報は２０２３年９月現在のものになります。
制度の改正などで、情報が異なる場合があります。

はじめに

「たった1本の電話で、あなたの介護は変わります」

「介護でつらくなったときにまずやるべきことは『つらいです』『助けてほしい』と声を上げることです」

「まず考えることは、介護する側であるあなたがいかにラクに過ごせるかです」

これらは「介護で大切なことはなんですか？」と聞かれたときに、私が必ず伝えている言葉です。

「介護のつらさ、大変さが、本当にわかっていますか？　そんなことでは変わらないですよ」

「介護は他人に頼るのではなく、家族がやるものでしょ？」

そう思われる方もいらっしゃるかもしれません。

しかし、**1本の電話やちょっとしたお願いをできるかできないかで、介護のしんどさは、大きく変わっていきます。**

すべての介護を1人で行ってきた方が、介護の相談窓口となる「地域包括支援センター」に電話し「介護保険サービス」を活用したことで、心に余裕ができて笑顔が増えた――そういう話を、いくつも聞きました。

こんな方もいました。

「子どもにはなるべく迷惑をかけたくない」とおっしゃって旦那さんの介護を1人で頑張っていた奥さん。しかし、やがて限界を迎え、本人からしたら恥をしのんで（まったく恥なことではないのですが）「つらい」と助けを求め、週末1日だけ、お子さんに介護を代わってもらうことにしたそうです。

その1日を友人との食事や買い物、大好きな映画鑑賞など、自分のリフレッシュの時間にあてることにしたのです。

はじめは、休むことに罪悪感を覚えたり、旦那さんからは「自分だけ楽しんでいいなぁ」と嫌味を言われたりもしたそうです。

ですが、休みを挟むことで、日々の介護をおおらかな気持ちでできるようになり、旦那さんの小言もやさしく受け流せるようになり、関係性もよくなったそうです。

周囲に助けを求めるための1本の電話や相談といった「ちょっとした行動」には、高いハードルがあるのもよくわかります。

「家族の面倒は私が見なきゃ」という目に見えない使命感、**「家族なのだから面倒を見るのは当たり前」と思われているのではないかという「思い込みのプレッシャー」**によって、ついつい1人で介護を背負いこんでしまっている。

そういう方は、非常に多いように見受けられます。

なぜでしょう。

それは、これまでの長い介護の歴史からくる、ある種のしがらみのようなもののせいなのかもしれません。

「我慢と忍耐の介護」は、時代に合わない

2000年に介護保険制度が施行されるまで、介護は各家庭だけで行うのが当たり前というとらえ方をされていました。

介護で何かしら悩みを抱えていても、我慢《がまん》と忍耐で乗り切る。それが家族の務めで、他人の力を借りたらご近所に体裁が悪いし、親戚にも顔向けできない――。

そんな価値観が、色濃く残っているように感じます。

そのため、自分で気負いすぎてしまったり、周りの目が気になったりで、自分の体力や気力の限界まで介護をしてしまう方が少なくありません。

しかし今、介護のあり方に変化が求められています。

なぜなら**「我慢と忍耐の介護」では、限界がきている**からです。

その**大きな理由の1つが、老老介護の増加**です。

2022年に厚生労働省が行った「国民生活基礎調査」によると、介護をしている人の63・5%が老老介護だということです。

2001年が40・6%なので、約23ポイント増加したことになります。

また、「令和3年度介護保険事業状況報告」によると、要支援、要介護認定を受けている人の人数が、689万人なので、大よそ437万人の人が老老介護をしているという計算になります。

ただし、こうした発表の陰には、**介護をしていても「介護保険」を受けていない人も多くいる**と考えられています。

2019年の健康寿命は男性72・68歳、女性75・38歳です。

健康寿命とは「健康上の問題で日常生活が制限されることなく生活できる期間」のことです。

少し乱暴な言い方かもしれませんが、平均で考えれば75歳以上の人は、何かしら介護の必要性が出てくると考えられるわけです。

75歳以上の人口が1936万人という事実をふまえると、「介護保険」を活用していない、**「隠れ老老介護」の人が多くいるのではないか、老老介護の状況にある方は、実際には437万人よりも多いのではないかと推測できる**のです。

これからますます高齢化が進むなかで、その数は当分の間、増え続けていくことは間違いありません。

今の時代に合った介護とは？

人間は、年齢とともに、体と心がどうしても衰えていきます。

重い物を持つのがしんどくなったり、それまで我慢できていたことが我慢できなくなったり。それは人間の特性上、仕方のないことです。

ただでさえ大変な介護を、心身の衰えた体で「我慢と忍耐」で行うのは土台無理な話です。

すぐに限界を迎え、待ち受けているのは「共倒れ」という悲惨な結末――。

そのため、老老介護が増えていく時代だからこそ、これまでの介護は変わらなければなりません。

何事も忍耐で乗り切るなんて前時代的すぎます。

昔のスポーツトレーニングを考えれば一目瞭然《いちもくりょうぜん》です。

シニア層は経験しているでしょう。

根性を鍛えるなどの意味合いからか、炎天下でも水を飲まずに長時間、我慢と忍耐の練習を強いられ、それが強靭《きょうじん》な体をつくると信じられていました。

しかし、今では、できるだけ水分補給をするようになり、高校野球やサッカーの試合などでも、水分補給などの時間が設けられるようになりました。

2023年の夏の甲子園で「エンジョイ・ベースボール」を掲げた慶應義塾高校が優勝し、丸刈りや長時間練習といった「つらい」時代の高校野球に、変革が起きたと感じた方も少なくないのではないでしょうか。

「エンジョイ・ベースボール」のように「エンジョイ・ナーシング・ケア」（楽しい介護）の時代が訪れているのです。


ある家族だけが「我慢と忍耐の介護」をし続けるのではなく、**地域や周りの専門家の助けを借りながら、できるだけ介護をする側の負担を減らす「チームで支え合う介護」の時代へと必然的に変わらなくてはならない**のです。

そもそも、介護保険制度は、「介護を社会全体で支える」ということを目的として制定されたものです。

私が看護師の進路を選んだのも、この介護保険制度がきっかけでした。保険証さえあれば「いつでも」「誰でも」必要な医療サービスを受けることができる医療保険制度について学んだことをきっかけに医療に興味を持ち、介護保険制度が制定された目的、その役割に心を打たれ、私は、医療と介護の両方にかかわる看護師を目指そうと決心したのです。

介護保険制度が制定されて20年以上。まだまだ、さまざまな問題はあるかもしれませんが、**あなたの介護を支えてくれる仕組みは、確かにこの国にあります。**

そして、テクノロジーの進化によって、あなたの介護をラクにする道具も増えてきています。

それなのに、介護で悩む人は後を絶ちません。

なぜなら、**今、そのような情報を必要としている人に、しっかりと情報が届いていない。もしくは、届いていても活用されていない**からです。

介護をラクにする情報を、必要としている人に届ける

どんなにいい制度、いい道具、役に立つ情報があっても、生かされないとまったく意味がありません。

「介護保険」を利用していない人が多くいることを鑑《かんが》みると、**介護に関する情報発信や啓蒙《けいもう》活動は、まだまだ足りない**といっていいでしょう。

そう切実に感じたのが、当時は無医地区だった栃木県益子町の田野地区でクリニックや訪問看護ステーションを立ち上げる事業をはじめたときでした。

若い私でさえ、上がるのにひと苦労するような大きな段差のある玄関先にはじまり、部屋には敷居の段差や家具の出っ張りがそこにあり、雑誌や新聞紙などが無造作に積み上げられた様子を一見して、つまずいて転倒しやしないかハラハラドキドキ。「これは危ない」と感じる家々がたくさんありました。

また、前述した「我慢と忍耐の介護」をしている方がほとんどで、自分の健康をそっちのけで、介護をしている場面も多く見てきました。

このような現状を見て、**やらなければならないのは、今の時代の「チームで支え合う介護」の浸透を含めた、介護の情報を広く伝えること**ではないか。

そう考え、ジャーナリズムを学び、介護や看護の情報発信に力を入れる方向に舵をきり、本書を出版することになりました。

本書は、できるだけ実践的に、わかりやすく、老老介護を少しでもラクにするための知恵と情報、テクニックを盛り込んでいます。

ここで声を大にして言いたいのが**「老老介護に直面している方は、決して孤立しないでください！」**ということです。

地域の皆さんや私たち介護のプロフェッショナルが相談に乗り、力になります。

これから介護が訪れる方は、明日やってくるかもしれないという意識を持ちながら、できるだけ早いタイミングで準備を進めていきましょう。

老いた親御さんを遠距離で見守るご家族は、できるだけこまめにコミュニケーションを取り、「介護チーム」の一員として親御さんを一緒に支えていきましょう。

老老介護にかかわる状況や悩みごとは、千差万別です。

誰もがこうすれば解決するといった魔法のような方法はありません。

でも、知恵や情報、ネットワークなどを上手に使うことで、やわらげることができます。

介護サービスや支援、道具に頼ることで、状況を改善することができるのです。

ぜひ、皆さんの状況に応じて、できるところから取り入れていってください。

看護師　坪田康佑

第1章

老老介護を苦しめる原因とは

人生の最後に訪れる介護。
そんな人生のフィナーレを、
苦労を感じながらも
幸せに過ごしている方もいれば、
逆に苦労に押しつぶされ、
苦しみながら過ごしている方もいます。
そんな両者を大きく分ける要因が、
介護に対する向き合い方です。

介護は「自分を犠牲にして尽くすもの」ではない

「そこに段差があるから気をつけて」

そう言って、家の中を寄り添って歩く姿。

「いま、ご飯の準備をするから、少しそのままで待っていて」

そうほほえみかけて、急いでご飯の準備にとりかかる姿。


そんな甲《か》斐《い》甲《が》斐《い》しく介護をしている様子は、実に仲睦《なかむつ》まじく、「自分もこのような老後を送ることができたら」「家族仲がよくていいなぁ」と、うらやましくさえうつるかもしれません。

介護に直接携《たずさ》わるまでの私もそう思いながら、そんな風景を見ていました。しかし、今はそのような場面に遭遇すると、「この後2人は、大丈夫だろうか？」という不安が先に立ってしまいます。

私は、無医地区のクリニックや訪問看護ステーションの開業に携わり、そして、自らも看護師として、介護の現場に立ち会いました。

その中で最もつらかったのが、長年連れ添ってきた家族の心が離れていく瞬間を見ることでした。

そして、**仲睦まじい夫婦、愛情が深い家族であればあるほど、思いやりの気持ちが強い人であればあるほど、時間の経過とともに苦しむ**ケースが多かったのです。

最初は愛情をこめて接していたのが、日に日にやつれていき、「早く死んでくれないかなと思うときがあるんです」と自己嫌悪から泣きじゃくる方。

「もう、すべてを投げ出したい……」

介護に一生懸命になりすぎたため、部屋が荒れ果て、ごみ屋敷と化した部屋でそう呟いている方。

思いやりのある方ほど、そんな「幸せとは無縁の介護」になってしまっている現状に出合ってきたのです。

「思いやりの一方通行」を進むことで迷い込む「苦しみの袋小路」

「長年連れ添った旦那の力になろう」

「いつも支えてくれる奥さんに感謝」

夫婦や家族同士で支え合う老老介護の根底には、こうしたお互いの思いやりの気持ちがあると私は思います。

もちろん、さまざまな事情があって、仕方なく老老介護をせざるを得ないという方もいらっしゃるでしょう。

そのような方も、少なからず相手への思いやりがあるからこそ、時間や体力、お金といったさまざまなものを費やして介護をしているのではないでしょうか。

しかし、この思いやりが行きすぎてしまうと、どうなるのでしょうか。

あれも、これも自分ですることによって疲れてしまい、**「私がこれだけ大変な思いをしているのに、この人は何もしてくれない」という思いにとらわれてしまうのも、仕方のないこと**です。

そんな疲れ切った介護をされていると、介護される側も『ありがとう』と感謝しているのに、その思いが伝わっていない」と感じるようになってしまう。

そんな思いのすれ違いの中で、互いが見返りを求めてしまい「自分は相手をこんなに思いやっているのに」という、いわば「思いやりの一方通行」になっている例を数え切れないほど見てきました。

思いやりの一方通行を進んだ先に待っているのは、「苦しみの袋小路《ふくろこうじ》」です。

思いやりが強い方にありがちなのが、つらいからといって、行政やボランティア、ホームヘルパー（在宅で生活している方々の家に訪問し、介護や生活援助を行う訪問介護員）といった「外の人たち」に頼ってしまうと「思いやりのない人と思われてしまうのではないか」「親戚や近所の人たちに介護を他人に任せている薄情な人間だとうしろ指をさされるのではないか」という妄想にとらわれてしまうことです。

そして、どんどん自分で抱え込んでいって介護の苦しみから抜け出せなくなってしまう。

とりわけ高齢の方に「介護は、家族だけで行うもの」という昔の名残《なごり》があるように感じます。

「思いやりを捨てろ」と言っているのではありません。

自分だけでなんとかしようと思わず、自分の家族、親戚、制度や道具などをどんどんと利用して、**「あなたの持つ思いやりをさまざまな人を経由して届けることもしましょう」**と言っているのです。

私が訪問看護ステーションを運営していたとき、こんなご夫婦の話を聞きました。

ケアマネージャーが作成したケアプランに沿って、毎週1回、訪問による身体介助と生活援助を依頼されていたのですが、ホームヘルパーのスタッフが調理や洗濯、掃除などの援助を毎回申し出ても、介護する奥さんがいつも「私がやりますから大丈夫ですよ」と援助の手を拒んでいらっしゃいました。

それでもケアマネージャーたちが「遠慮なくいつでも頼ってください」と粘り強くお伝えし続けたそうです。

それが功を奏《そう》したのは、奥さんのお顔に疲労の色が目立ちはじめたころのこと。ようやく生活援助についても受け入れてくれるようになりました。

「こんなにラクをできるのなら、もっと早く甘えればよかったわ」

ほっとした笑顔でそう言われたときの表情が忘れられないと、ケアマネージャーはうれしそうに話してくれました。

プロの力が、介護を受ける側をより幸せにする

「介護は尽くすこと」だ。

どうか、そう思いこまないでください。

介護の目的は、介護を受ける方が、自分らしい生活を営めるようにすることです。

この原点に立ち返れば、**周囲や地域の方たち、介護サービスの力を借りることが「思いやりを減らすことにはならない」**と思えるのではないでしょうか。

なぜなら、介護・看護のプロフェッショナルに委ねたほうが、要介護者の本人にとってよりよい状況に改善できることが多いからです。

「家族のことは、家族が一番わかっている」。もちろんそうだと思います。

しかし、**あなたがよくわかっているのは、元気な頃の家族で、介護が必要な状態になったら、これまでとはまったく違った面も出てきます。**

そんなときこそ、私たち介護・看護のプロフェッショナルの助けが必要なのです。

介護、看護に従事している専門家たちは、身体・生活介助に関する知識・技術を専門的に学び、さまざまな利用者の介助を行ってきた経験がありますので、要介護者の接し方に長けているのです。

例えば、プロの技術の一端が垣間見えるものに、ボディメカニクス（人間の動作および姿勢にかかわる体の骨格や関節、筋肉や内臓などの各部位に力学原理を応用した動き、動作、運動、姿勢保持のための技術）を応用した身体介助（生活するうえで必要な「起き上がる」「座る」「歩く」ことが困難な人に行う手助け）があります。

介護・看護のプロである私たちは、体の骨格や関節、筋肉などの体の構造と力学を掛けあわせた介助技術を身につけ、介助を行う際に、お互いの姿勢や支え方を最適に保ち、最小限の力で介助できるのです。

つまり、**介護する側とされる側、双方への負担を軽減することができる**のです。

そうした専門技術に加え、**プロの技術が如実に表れるのが「気づく力」**です。

例えば、移動の介助を行う際には、要介護者を支えながら、体のバランスや力の入れ具合などに変化がないかどうかをより細かく確認しています。

また、食事の介助の際には、咀嚼《そしゃく》した食べ物を飲み込み、「嚥下《えんげ》」がスムーズにできているかどうかを注意深く観察し、入浴介助の際も、後頭部や肩甲骨、背中、お尻などの状態に目を配り、「褥瘡《じょくそう》（床ずれ）」が起きていないかどうかを確認しながら介助しているのです。

専門家の「目」が入ることによって、そうした体の変化や予兆を早期に発見し、悪化を防ぐための手立てを講じることができるのはもちろん、**プロフェッショナルによる介護を取り入れることは、大切な人を守ることにもなるのです。**

相手のことを考え、思いやるのなら、プロフェッショナルに頼りましょう。

そうすることが、あなたの介護の負担も減らし、**パートナーとできるだけ長く、残された時間でよりよい生活を営むための助け**となるはずです。

誰の力も頼らず、1人で尽くすことは決して、相手のためにも、自分のためにもならないのです。

介護を終えた後の虚無感をなくすために大切なこと

思いやりが強い人ほど陥りやすいのが、「共依存」です。

介護する側の「支えよう」という気持ちが強いと、徐々に「私はこの人に精いっぱい尽くさないといけない」「何もかもやらないといけない」という使命感にすり替わって、「この人は私がいないと何もできない」「私の生きがいは、この人を支えることなんだ」という相手に固執《こしつ》した視野の狭い考えに至ってしまうことがあります。

そうなると、**介護される側も介護する側も「相手がいないと自分は成り立たない」と依存し合うようになる。** いわゆる「共依存」の状態に陥ってしまいます。

2人だけの関係の中ですべてを完結しようとし、周囲に相談したり、介護サービスを利用したりする意欲が失われ、困難な状況に見舞われても抜け出せなくなってしまいます。

それだけではありません。

「共依存」になってしまうと大変なのが、介護を終えた後の虚無感です。**依存をする相手がいなくなったため、強烈な孤独感、虚無感に悩まされる人が非常に多い**のです。

そこに、夫婦仲の良し悪しは関係ありません。

「いなくなったらせいせいする」

介護中、そんな悪口を言っていた人が、相手がいなくなった途端に抜けがらのようになった姿を何人も見てきました。

当たり前ですが、**介護が終わっても人生は続いていきます。**

その後の時間をよりよいものにするためにも、いろいろな人の助けを借りながら、**自分の時間を確保し、相手に依存しすぎない介護**を心掛けてほしいものです。

「思いやり」が相手の体を弱らせることも

「介護は尽くすことではない」と前述しましたが、**老老介護の重要なポイントは「しすぎない」こと**です。

状態によっては、何から何まで介護する必要があるかもしれません。

ただし、介護の必要性の程度などを示した要介護度（166ページ参照）が低い場合、いきなり身の回りのすべてに介助が必要となるわけではないのです。

にもかかわらず、「思いやり」が強いと、相手も「大変なんだから」と感じ、やらなくていいことまでやってしまったり、相手に頼まれるまま介護したりしてしまっている人も少なくないようです。

力を貸すことは美しいことのようにうつりますが、実はそれがより一層、要介護者の心身を弱らせることにつながるとしたら、どうでしょう。

例えば、要介護1に認定されるのは、「身の回りのことについてはほとんど自分で行えるものの、入浴やトイレ、立ち上がり、歩行などの際に一部介助が必要になる」という状態が目安になります。

要介護に認定されたといっても、要介護1でしたらまだ自らできることが多い状態ですから、「何から何まで支えないといけない」ということにはならないのです。

むしろ、自分でできることにまで手を差し伸べてしまうと、**自分で体を動かす機会を奪ってしまう**ことになります。

それは、**筋力低下を招き、歩行困難や、自分から動こうとする気力をなくさせる**など、逆に要介護者が「自分でできなくなること」を増やしてしまいかねません。

できるだけ力になりたいのは痛いほど理解できます。

しかし、それが本人の能力低下を招き、介護する側の負担を大きくしてしまう可能性もあるから考えどころです。

老老介護のポイントは、**要介護度を目安にしながら、たとえゆっくりでも本人のペースでできることはやってもらい、運動機能や認知機能の低下を防ぐこと**だといえます。

ホームヘルパーは、こうした介護予防を意識したかかわり方を心得ていますので、「お着替えは自分でできますよね」「少し歩いてみましょうか」と、本人の運動や意欲をうまくうながしてくれるはずです。

こんな話がありました。

要介護1に認定されたある男性は「自分には介護が必要なのか」と、ショックを受け、家に閉じこもりがちになってしまいました。

「出たくない」「外出するのが面倒」「歩くのがしんどい」と言って、家にいても何をすることなく、テレビを眺めているばかり。

そんな姿を見かねた奥さん、自分が外出したいということもあり「好きなものでも買いに行こう」と、しぶる旦那さんを強引に連れ出したそうです。

そうするとどうでしょう。

久しぶりの外出で気分転換ができたからか、奥さんが「そんなものを食べるの？」と驚くような激辛スナック菓子や炭酸飲料をうれしそうに選び、買い物カゴに入れて、そして、家に戻るやいなや、「ひえ、辛い、辛い」と、相好《そうごう》を崩《くず》して味わったそうです。

それ以来、一緒に連れだって買い物に行くことが日課になったお2人。**ちょっとしたことでも毎日の楽しみができ、歩くことが習慣化されたことで、本人の表情も足取りも軽やかになった**そうです。

尽くすだけの介護では、このような幸せなひとときは生まれなかったことでしょう。

「老老介護がつらくなりやすいタイプ」か今すぐチェック

ここまで読んで、私は相手に対して、そこまで「思いやり」がないから大丈夫と思った方もいらっしゃるかもしれません。

しかし、人間は、意外と自分のことはわかっていないものです。

しかも、**介護はそれまでの人生とは異なることが多く起こるので、経験則が通用しにくい**のです。

前述したように「私は大丈夫」と思っていた人が、介護で苦しむ姿を幾度も見てきました。

すでに、介護に悩みを持っている方は、もしかしたらあなたの「思いやり」がその原因となっているかもしれません。

また、まだそこまで悩みを抱えていない方も、今後の介護のために、一度自分自身を見つめる必要があります。


私は利用者さんのパートナーやご家族、介護職の仲間まで、介護にかかわる多くの方々と接してきた経験をもとに、「こういう人は、介護をつらいと感じやすい」という傾向がいくつかあると考えています。

そこで、**次ページに「老老介護がつらくなりやすいタイプかどうか」をチェックするリスト**を作ってみました。

簡易的なものなので、これにあてはまる人が、老老介護で必ずしも苦労するというわけではないのですが、自分のことを見つめ直す意味でも、ぜひ一度、やってみてください。

介護でつらくなりやすいタイプかチェック

「はい」と答えた項目の数によって、自身が「介護がつらくなりやすい傾向」にあるかどうかがわかります。

1	他人の頼みごとを断れない	はい	いいえ
2	頼るのが苦手	はい	いいえ
3	睡眠時間が不足している	はい	いいえ
4	他人の評価を気にしてしまう	はい	いいえ
5	物事は最後までやり遂げる	はい	いいえ
6	定期的な運動習慣がない	はい	いいえ
7	「少し休んだら?」と言われることが多い	はい	いいえ
8	栄養バランスのとれた食事をとっていない	はい	いいえ
9	「〜しなきゃ」と思うことが多い	はい	いいえ
10	経済的余裕が少ない	はい	いいえ
11	日光を浴びていない	はい	いいえ
12	サポートできる家族や友人が少ない	はい	いいえ
13	自分の時間を持つ余裕が少ない	はい	いいえ
14	自分自身の健康や幸福は後回しになりがち	はい	いいえ
15	今、体力が低下しているか、病気をしている	はい	いいえ
「はい」と答えた数		個	

チェックしたら、「はい」の数を数えてみましょう。

「はい」の数による「介護がつらくなる傾向」の診断結果は、次のとおりです。

■5〜6個の方は「要注意」
■7〜11個の方は「要改善」
■12個以上の方は「危険」

いかがでしたか？

自分の体調管理や息抜きが苦手だと、介護がつらくなってしまうことは、皆さんも何となく想像がつくと思います。

加えて、**何事も自分で抱え込み、「完璧《かんぺき》」にやらないと気が済まないという方ほど、老老介護がつらくなってしまう**のではないかと、私は感じています。

1、2、4、5、7、9の項目のいづれかに「はい」と答えた方は、そうなってしまう可能性があります。

該当する方は、例え合計の数が4つ以下だったとしても、少し注意が必要かもしれません。

そもそも**介護において完璧な状態なんてない**と思いませんか？

また、**常に今日と明日が同じとも限りません。**

昨日は気持ちよく出かけたけれど、今日は足の調子が悪そう。

昨日は食欲がなかったけど、今日はデザートまで完食した。

というように、介護される側の体や心の状態は一定ではなく、日々揺れ動くもの。

それぞれの状態や変化に応じて、どう介助すればいいのか、どんな食事を用意すればいいかという対処も違ってきます。

こうすれば完璧という答えがあるわけではありません。

それにもかかわらず、**完璧にやろうとすると、むしろできないと感じることのほうが多く、「介護者として完璧じゃない自分」という思いが際立ってしまい、自分1人で悩み、つらくなってしまう**ばかりです。

何事も完璧にこなすことなど、できるものではありません。

やれることをやればいいのです。

できないことばかりに目を向けるのではなく、ちょっとしたことでもできたことを喜び、自分を褒《ほ》めてあげましょう。

そして、自分にできないことがあれば、周囲に頼ればいいのです。

そう考えれば、気持ちがすっとラクになるのではないでしょうか。

老老介護をラクにしてくれる4つのポイント

では、老老介護における苦労をできるだけ減らすには、どんなことに留意すればいいのでしょうか。

もちろん要介護度や生活を取り巻く状況などには個人差がありますので、一概には言えないものの、私は４つのポイントがあると考えています。

1つ目は、お互いを知ることです。

介護する側と介護される側は、刑事ドラマやアクション映画に登場するような「バディ（相棒）」の関係といえます。

介護というこれまでの人生で経験のない局面をともに歩んでいくのですから、お互いを知り、尊重し合うことが大切です。

どんな介助をしていこうか？
どんなことをされると嫌？
やってみたいこと、会いたい人は？
何をやっているときが楽しい？

長年連れ添った夫婦や家族であっても、あらためて質問し合うと、意外な一面に気づくことがあるかもしれません。

それぞれの思いを尊重し、それぞれにとってよりよい介護のあり方を考えることが、少しでも負担をやわらげることにつながるはずです。

また、お互いを知るという面では、お互いの健康状態を共有することがとても大切です。

介護される側の健康状態については、普段から気をつけていることでしょう。

介護する側についてはいかがですか？　疎《おろそ》かになっていませんか？

介護する側の無理がたたり、健康を崩してしまうと、元も子もありません。

健康診断を定期的に受診して報告し合ったり、疲労を感じたなら相手に率直に伝えて配慮し合ったりすることが、体力を維持するうえで大切になります。

あなたが求めれば、介護を助けてくれる仲間は必ずいる

2つ目は、挑戦してみることです。

地域包括支援センターへの相談、要介護認定の申請、ケアマネージャーとの面談な

ど、介護に初めて直面する方にとっては、慣れないことばかりだと思います。

介護サービスを利用する際にも、「ホームヘルパーさんってどんな人たちなんだろう」「デイサービスになじめるだろうか」など、不安が募る気持ちもよくわかります。

私自身も、何かに初めて挑む際には不安に苛《さいな》まれます。

しかし、一歩を踏み出してみると、「やってよかった」と感じることが多いのも事実です。

挑戦してみてこそ、わかることもたくさんあります。

「このサービスは意外と私たちに合っているね」「このサービスは必要ないね」「滑り止め付き靴下、とても履《は》き心地がよくて安心」と、**挑戦して利用してみることではじめて、必要の可否を判断する材料が得られる**ものなのです。

介護保険が適用される介護サービスだけではありません。

市区町村やボランティア団体が独自に行っている支援サービスや、民間企業による家事代行や送迎サービスなど、**今は介護の負担をやわらげてくれるサービスがとても充実しています。**

福祉用具やグッズも、メーカー各社が工夫を凝らしたさまざまな商品が販売・レンタルされています。

興味を抱いたサービスや商品があれば、まずは利用してみて、自分たちに合うかどうかを吟味してみてください。**利用するために必要な準備や活用の仕方など、必要な情報やノウハウは本書にも盛り込んでいます**ので、ぜひ参考にしてください。

多くの人が「初めて」に挑戦し、サービスや商品の恩恵を受け、介護の改善につなげていってほしいと願っています。

老老介護の時期だからこそ外に出る

3つ目は、閉じこもらないことです。

在宅で行う老老介護の場合、2人で過ごす時間が長くなり、世間から孤立してしまうことが少なくありません。

介護の悩みやこれからの不安などで頭がいっぱいになり、他のことに目を向ける余裕がなくなってしまうこともあるでしょう。

でも、できるかぎり2人だけの世界に閉じこもらず、「外」に視野を広げてみてください。

そして、やってみたいこと、行きたいところがあれば、進んで行動してみてください。

「いい年なんだから、やめておこう」「介護を受けている自分なんかが外に出ても、恥をかくだけだ」と、自らブレーキをかけるようなことをする必要はまったくありません。

同じような年代、状況の仲間たちがきっといるはずです。

地域のカラオケ大会に出場したり、仲間と麻雀やゲートボールを楽しんだり。地域のボランティア活動に参加したり、子どもたちに絵本を読み聞かせたり。

外に出てみることで、新しい生きがいを見つけられる可能性が広がります。

2人のイライラを溜め込んだ関係性も、「外」に触れることで、少しはやわらぐかもしれません。

閉じこもらず、人と会うことで、家族以外にも相談相手が身近にでき、介護に関する情報やアドバイス、知恵などを共有する機会もきっと広がります。

4つ目は、困ったことを「困った」と口に出しましょう。

困ったこと、つらいこと、わからないことがあれば、「自分で何とかしよう」と考えるのではなく、誰かを頼ってください。

介護について相談を受けてくれる人や機関はたくさんあります。

家族や友人に言いづらいことがあれば、ホームヘルパーやケアマネージャーが相談に乗ってくれるでしょう。

困ったことを困ったと言うことで、周囲や専門家が力になってくれます。

逆に自分で抱え込んでしまうと、困っていることさえ気づかれず、専門家の側もどう力になればいいのかが見えなくなってしまいます。

困っているのは決して自分1人ではなく、同じような悩みを抱えた人がたくさんいます。

そうした人たちを助けたいと思っている人もたくさんいるのです。

だから安心してこまめに相談し、頼ってほしいと思います。

「他人の介護なんて受けたくない」と言われたらどうする？

「介護なんて考える必要ない」
「介護サービス？　受けなくていい」
「他人の世話など受けたくない」と介護している相手に言われて困っている方をよく見かけます。

介護を必要とする自分に恥ずかしさや情けなさを感じ、受け入れたくない、人に見られたくないという意識から、かたくなに拒否してしまうのではないかと思います。

恥ずかしいという感情は、とてもやっかいです。

足腰が衰え、足元がおぼつかなくなってくると、「こんな姿を人に見られたくない」「昔の仲間に知られたくない」と考え、家に閉じこもりがちになってしまいかねないからです。

すると、体を動かす機会が減り、何もやる気が起きなくなり、ますます状況が悪化してしまいます。

この状況が続けば、寝たきりになる日を自らたぐり寄せ、介護の負担が一気に重くのしかかるという事態にもなりかねません。

少しでも介護の必要性を感じたタイミングで、介護保険や介護サービス、福祉用具などの利用を検討することが、状況の悪化を防ぐカギになるのです。

さらにいえば、体の衰えから生活に少しでも不自由さを感じたら、地域包括支援センターや市区町村の介護関連窓口に確認し、介護サービスを受けるために必要な要介護認定の申請を行うことをおすすめします（詳しくは第3章で）。

「はじめに」で触れた介護保険制度は2000年から施行され、**40歳以上の方は、健康保険料に上乗せされるかたちで介護保険料を支払っています。**

その金額は市区町村で異なりますが、決して安くはないはずです。

介護保険は、介護を必要とする人の負担を軽減し、社会全体で支えていくというセーフティネット。被保険者として介護サービスの利用対象になり得るのであれば、制度の活用に躊躇《ちゅうちょ》することはないと思いませんか？

では、「介護を受けたくない」と言い張る人をどう説得すればいいのでしょうか。

ポイントは、「希望について話す」ということです。

「介護への備えを怠ると、寝たきりになって困るよ」というように、いきなりネガティブな話を伝えてしまうと、本人は「そんなことはない！」とますます意固地になり、話がこじれてしまいかねません。

そうではなく、**まずは希望から話してみましょう。**

「孫の○○ちゃんのランドセル、一緒に買いに行きたいね」
「落ち着いたら夫婦で温泉巡り、楽しみだよね」
「毎年春のお花見、いつまでも続けたいね」

やってみたいこと、行きたい場所、会いたい人など、本人がワクワクするような希望について聞き、想像を広げ、共感するということです。

そのうえで、「でもこの先、年を重ねるごとに体力は衰えていくのだから、やりたいことを叶えるためには、地域や専門家の力を借りて自分でできることを維持していかなきゃ。介護保険制度はそのためにもあるのだし、年金から天引きされている保険料、安くないんだから、試しに使ってみましょうよ」と働きかけてみてはどうでしょうか。

そう切り出していくことで、本人は備えの大切さに気づき、介護に対する恥ずかしさやうしろめたさを乗り越えてくれる可能性が広がると思います。

考えておきたい、ある日突然、介護が深刻になる可能性

もう1つだけ、「老老介護」で困らないための心構えをお伝えして、この章を終えたいと思います。

それは、**高齢者の場合、体の急変があり、急に介護が必要になったり、要介護の度合いが重くなったりすることがどうしてもある**ということです。

内閣府の「高齢社会白書」によると、介護が必要になった主な原因として「認知症」が最も多く、次いで「脳血管疾患《のうけっかんしっかん》（脳卒中《のうそっちゅう》）」、「高齢による衰弱」、「骨折・転倒」の順になっています。

「認知症」、「高齢による衰弱」は、いきなり起こるのではなく、徐々に進行していくことが多いため、介護者も介護について徐々に慣れていく猶予があります。

ただ**「脳血管疾患」と「骨折・転倒」は、突然降りかかってくるもの**です。

「脳血管疾患」の脳梗塞《のうこうそく》、脳出血、くも膜下出血《まっかしゅっけつ》などを発症すると、体の一部が麻痺して動かなくなる運動障害や、触覚や痛覚が鈍くなる感覚障害、呂律《ろれつ》が回りにくくなる構音障害、物忘れや注意散漫、感情が制御できないといった症状が現れる高次脳機能障害などの後遺症が残ることが少なくありません。

「骨折・転倒」については、自宅の敷居に足を引っかけたり、浴室で足を滑らしたり、階段を踏み外してしまったり、家庭内で転倒して骨折してしまったというケースもあります。

高齢者が骨折によって入院すると、ベッド上での生活が続くため、筋力が落ちてしまいます。

そのため、退院後も自宅のベッドで療養《りょうよう》する時間が長くなり、退院早々から介護が必要になるケースが多々見られます。

ある日を境に、付きっきりになって介護をしなければいけなくなる。決して他人事ではなく、誰しもに起こり得ることなのです。

骨折や病によって要介護度が上がり、日常生活のほとんどに介助が必要になると、**介護者はほぼ終日介護に費やすことになり、自分の時間を確保することが難しくなります。**

夜トイレに起きた際にも介助が必要になるため、介護者の生活に昼夜の境目もなくなってしまうのです。

そうした状況が長引けば長引くほど、介護者に身体的・精神的な疲労や負担が積み重なり、共倒れのリスクが高まってしまいます。

こうした事態に陥らないためにも、「介護は明日やってくるかもしれない」「もしかしたら、突然、今以上に深刻な介護が必要になるかもしれない」という意識を、まだ介護がはじまっていない方はもちろんのこと、介護をすでにしている方も持つことがとても大切です。

誰に何をどう頼ればいいのか、市区町村はどんな支援をしてくれるのか、転倒のリスクを下げるために自宅をどう改善すればいいのか。それは状況によって変わってきます。

現状どうしたらいいのかだけでなく、これからどうなるのか、どういうことが考えられるのかも含めて、未来の知識とノウハウを蓄え、備えておくことがとても大切なのです。

第2章

老老介護で悩む人が見落としがちなこと

「情報」は、老老介護で苦しむ
あなたを支える杖となります。
手助けをしてくれる制度や便利な道具、
さまざまな情報が必要ですが、
まず、知らなくてはならないのは、
あなた自身、
そして介護を受ける家族の情報です。

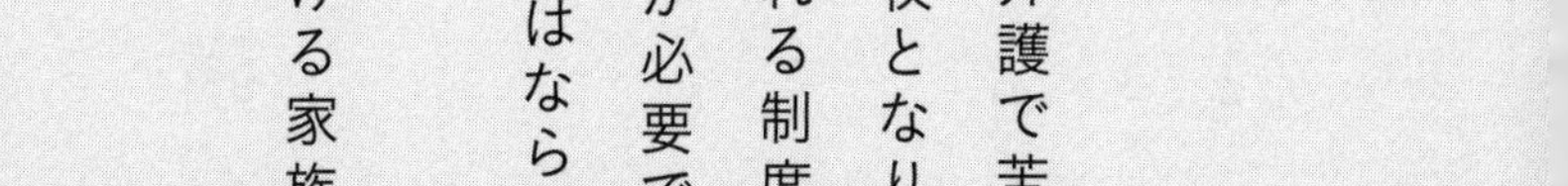

「老い」とは心と体が硬くなっていくこと

突然ですが、ここで問題です。

「今、あなたは、自分の体重が何キロか知っていますか？」

「それは、3カ月前よりもどれぐらい増えていますか？　どれぐらい減っていますか？」

この問題に答えられるかどうかで、あなたの介護がうまくいくかどうかが、ある程度わかります。

この問題に答えられる人は、自分の体に気をつかっている可能性が高い人だからです。

老老介護で大切なのは、介護をする人が元気でいられるかどうかです。

「人」という字を思い浮かべてみてください。

人という字は、人と人とが支え合っていることを表しているといわれています。

私は、この人という字は介護の実態をよく表していると感じるのです。

明らかに、短い棒（㇏）のほうが、長い棒（㇒）をしっかり支えていて、負担がかかっています。

短い棒が介護をする側で、長い棒が介護をされる側です。

頑張って長い方を支えている短い棒の方が崩れてしまうと、両方とも崩れてしまいます。

つまり、**介護をしている人がしっかりと元気な状態で、要介護者を支えている必要があるの**です。

しかし、これまで介護の現場で見てきた中で、**相手側の体調ばかりに気をつかってしまい、自分の体をおろそかにしている方が多い**ように感じます。

私が、訪問看護ステーションを開いたときのことです。

まずは、地域のお年寄りの健康状態の把握が第一だと考え、2カ月に1度の年金受給日のタイミングに合わせて、地域の郵便局の一角をお借りし、健康相談会を実施しました。

そこで、奥さんの介護を一生懸命にされている70代の男性に会いました。

彼の血圧を測ると、なんと最高血圧が200。ご本人は「いつものこと、平気平気」と笑い飛ばすのですが、手には震えが見られ、とても放っておける状態ではありません。

私はその方を説得して診察を受けていただきました。

また、こんな方もいらっしゃいました。

訪問に行った先で、介護を受けている旦那さんの健康状態を調べていたのですが、介護をしている奥さんのほうがしんどそうなのです。

「大丈夫ですか？」と尋ねてもいつも「大丈夫」と答えるばかり。

「病院に行ってみてくださいね」といつも言うのですが、「時間ができたらね」とごまかすように笑って答えるばかりで、いっこうに行く気配がありませんでした。

しかし、ある日、あまりにも顔色が悪いのでこれはまずいと感じ、「一度でいいから、病院に行きましょう」と強くすすめました。

「いや、この人の面倒を見なくてはいけないから」

「それはわかりますが、あなたが倒れたら誰が旦那さんの面倒を見るのですか」

「いや、でも……」

そんな押し問答を繰り返し、ようやく病院に行ってもらうことになりました。

すると、病院に行ったら悪い数値が出てしまい、そのまますぐに入院。幸い大事には至らなかったのですが、奥さんの入院中、旦那さんのショートステイ先を探すのに大慌てしたのを、今でもよく覚えています。

このようなことを何度も経験しました。

家族の幸せを祈って、自分の身をかえりみずに頑張る。その姿はとても尊いように感じます。

しかし、**家族の中には、自分もいる**ことを忘れないでください。

自分が健康で幸せでいなくては、家族の幸せは本当の意味で達成されないのです。

介護をして家族を支えているのであればなおさらです。

自分が健康で幸せでいること。

そのためには、「自分の体がどういう状態なのか」をこまめに把握する必要があります。

特に、老老介護をしている人は注意が必要です。

なぜなら、人間は、**年をとると加速度的に心と体が衰えていく**からです。

また、ちょっとしたトラブルが体に大きなダメージを与えてしまいます。


これは、あるリハビリのデイサービスを行っている方に聞いた話です。

コロナ禍の外出自粛の影響で、デイサービスを数カ月休まれた方のもとへ久しぶりにお迎えに上がったら、それまでなんとか自力で歩けたのに、歩けなくなっていた方が多くいたそうです。


老老介護をしている方は、**決して3カ月前の体が今の体と思わない**でください。

そして、介護をしている方のことだけでなく、もっと、**自分の心と体にも注意を払い、いたわってあげてほしい**のです。

心身を守るために「老化探知機」を敏感にする

ここでまた、皆さんに質問させてください。

「どういうときに、老いたな、年だなと感じますか？」

後ろから突然呼びかけられて、びっくりして振り返ったら、腰を痛めてしまったとき。

ちょっとした段差に足元が対応しきれず、よろけてしまって転倒したとき。

外出するのがおっくうに感じ、最近家にいるようになったと気がついたとき。

いろいろとあるかもしれませんが、**何かしらのトラブルが発生したときに、「あー衰えたな」と気がつく**のではないでしょうか。

しかし、当たり前ですが、その事象が現れたときに、一気に心身が衰えたわけではありません。

それまでに**徐々に衰えていて、たまたま何かのきっかけで、それが目に見える形で現れただけ**です。

先ほどの質問の答えの例としてあげたもので見てみましょう。

腰痛になる前には、腰の柔軟性がなくなって、物を腰を曲げて取りにくくなっていたかもしれません。

転倒する前には、以前より足を上げずに歩くようになっていたことなどが考えられます。

外出しなくなる前に、新しいことに挑戦しなくなったり、趣味に興じなくなったりしていたのではないでしょうか。

おそらく何かしらのトラブルが発生する前に前兆があったはずなのです。

その前兆の段階で、つまり**なるべく早く自分の変化に気づいていれば、トラブルを回避でき、何かしらの対処ができる**はずです。

だからこそ、いち早く自分の心身の変化に日々を過ごすなかで気づけるようになったほうがいい。**自分の中の「老化探知機」を敏感にしておく**ことが必要なのです。

そのためには、「年をとると体がどう変化していくのか」を知っておく必要があります。

高齢者の心身の老化には、共通点があります。

それは、**「硬くなる」ということ**です。

年齢を重ねるにつれて、体が硬くなってきたと感じませんか？

座って足を伸ばして前屈してみると、上半身がほとんど傾かず、想像以上に体が硬くなっていることに気づかされるかもしれません。

首や肩が回りにくくなった、腰が重たく感じる、関節の曲げ伸ばしがつらくなってきた。そうした変化の多くが、体の可動域が狭くなったことに起因しているのです。

例えば、老眼もそうです。

老眼とは、目のレンズである水晶体が硬くなり、弾力がなくなる上に、ピント調節をつかさどる毛様体筋も硬くなることで、近くを見るときに焦点が合いにくくなってしまった状態をいいます。

血管も加齢によって硬くなり、柔軟性が低下してしまいます。

そうすると高血圧を誘発し、高血圧の状態が長引けば長引くほど、ますます血管の硬直化が進んでいくのです。

硬くなるのは、体だけではありません。

そういえば、ものの考え方や感じ方も、硬くなったなと思い当たりませんか？

料理の味付けが気に入らず、つい声を荒らげてしまった。

自分はちゃんと伝えたのに相手がわかってくれないとイライラする。

1冊の本を読み切ることがおっくうになってしまった。

「こんなはずじゃない」とつい感情的に意地を張りやすくなる。

新しいことをしなくなる。

ほかにも感動が薄れてしまう、何をやるにしても面倒になってしまうなど、**内面の変化も、実は加齢とともに思考が硬直化してしまうことから起こる**とされています。

硬くなることが進行していくと、どうなるのでしょうか。

腰を痛めて動けなくなる、足をくじいて骨折する、動脈硬化を引き起こすなどして、体の自由が利きにくくなり、介護の負担がますます重くなってしまいます。

思考が硬直化してしまうと、人と会うことが面倒になって孤立してしまう、外出頻《ひん》度《ど》が減って刺激が失われる、家事が煩《わずら》わしくなり家の中が荒れはじめるなど、生活や気持ちに影が忍び寄り、気力や意欲が失われ、介護のつらさが倍増してしまいます。

ここで、一度深呼吸をして、自分の1週間の行動を振り返ってみてください。

心身が硬くなっているかもと思えるようなことがありませんか？

「老化探知機」を敏感にして、できるだけ早く自分の体の老いに気がつくこと。必要とあれば、老いた体にムチを打って無理して働くのではなく、あなたも介護保険などの制度を使って、支援を受けること。それが大切です。

繰り返しになりますが、介護をする方が倒れたらおしまいです。

無理は、不利を生み出す。

ぜひ、この言葉を頭の片隅に、入れておいてください。

「老い」への嫌悪感が「老化探知機」を鈍らせる

もう1つ「老化探知機」を敏感にする重要なアドバイスをしたいと思います。

それは、**「老いること」を悲観しないでほしい**ということです。

自分の老いに直面したとき「こんなこともできなくなるなんて」と、ショックを隠せず、目を背けてしまっている方も少なくないことでしょう。

しかし、加齢とともに硬くなる状態は、誰しもに訪れることです。

もちろん私もいずれ直面します。

大切なのは、**悲観するのではなく、自分の状態をしっかりと把握して、これからに備える**ということです。

買い物をしたり、ご飯のメニューを考えたりするときに、冷蔵庫の中身を確認してからでないと、当然ですが、つくりたいものがつくれなかったり、ムダな食材が増えてしまったりしてうまくいきませんよね？

それと同じです。

人は年とともにそれぞれの人生経験を積み重ね、楽しさも幸せも、あるいはつらさも悲しみも、さまざまな思いを味わっていくことで、そして**誰もが訪れる老いを経験していくことで、いわば「人生のプロフェッショナル」になっていきます。**

私はこれまで多くの高齢者の皆さんと接する機会に恵まれ、含蓄のある言葉や考え方、豊かな表情に触れるたびに、その思いを強くしてきました。

もう一度いいます。

「老いる」とは決して嫌悪することではありません。

意識していないと、人間には**嫌なことから目をそらせるという性質があるので、無意識のうちに老いに気づいていても気づかないフリをしてしまいます。**

そして老いを見逃してしまう。つまり、自分自身の「老化探知機」を鈍らせてしまい、老老介護を苦しめる原因へとつながってしまうのです。

「老い」を素直に受け入れることで、心はラクになる

自分の心身の老いに対して敏感になってほしいと話しましたが、自分だけではなく、介護をする相手に対しても同じです。

特にすでに**心身に不自由を感じて介護を受けている人は、みるみるうちに身心の状態が衰えてしまう**ことがあります。

つまり、それまでの介護をしていたのでは事足らず、不自由が出てくる場合があるのです。

例えば、介護される側の足腰が徐々に衰えてくるにしたがって、立ち上がりや移動の際に介助が必要になります。

さらに、食事や排泄《はいせつ》、入浴、着替えの介助など、介護者の負担が増えていきます。

認知症が進行してしまうと、徘徊《はいかい》してしまったり、突拍子もない行動を起こしたりする危険性を伴うこともありますから、介護する側は終始目を離せなくなってしまうのです。

老老介護の介護する側＝介護者は、そうした変化に対応しきれず、「何をどうすればいいのかわからない」「いつまでこんな状況が続くんだろう」と、戸惑いや無力感に苛まれ、ストレスが募り、それがますます疲弊《ひへい》を助長し、老老介護はより困難な状況に追い込まれていきます。

その**不自由に早めに気がついて、介護のやり方を専門家と相談して変えることができれば、それだけ、介護する側の負担も少なくてすみます。**

先ほど「老化探知機」を敏感にしましょうと言いましたが、同時に相手の老化を敏感に察することができる「老化センサー」も持つことが大事です。

そして、自分の老いに対してもポジティブにとらえてほしいと言いましたが、それは相手に対しても同じです。

自分の老いよりも家族の老いのほうが、昔の思い出の姿が頭に残っているためか、ポジティブにとらえるのは難しいように感じます。

介護をしている人の中には「あんなに元気だったあの人が、こんな状況になるなんて……」と思い出の姿とのギャップに戸惑って、家族の老いを受け入れられなかったり、「なんとか以前の姿に戻れないか」と必死にケアして頑張ったりしている人が少なくありません。

ポジティブにとらえられなくても、せめて老いを受け入れてください。

それが、あなたのためにも、介護者のためにもなるはずですから。

こまめな心と体のチェックが、未来の幸せを呼び込む

加齢による心身の変化は緩やかに訪れるため、その変化に気づきにくいものです。前段で意識的に、定期的に、自分や相手の状況を確かめることが必要だと述べましたが、具体的に心身をどう確認していけばいいかをここからお話しします。

主なチェックリストの1つに、地域包括支援センター（詳しくは第3章で）で活用されている「基本チェックリスト」があります。

これは、高齢者が自身の生活や健康状態を振り返り、**心身の機能に衰えが見られるかどうかを把握するためのツール**です。

次ページに紹介しています。

ぜひ、相手にやってもらってみてください。

そのときは「介護が必要かどうかわかるチェックがあるから」と言ってしまうと、抵抗を覚えてしまう方もいらっしゃるかもしれません。

そこで、**「ちょっと健康状態がチェックできるものがあるからやってみない？」と軽い調子で誘い、身構えることなくやってみてもらう**のがよいでしょう。


そして、介護するあなたもやってみてください。

前述しましたが、実は介護している方も、支援が必要な状態に知らず知らずのうちになっていたということはよくあるからです。

回答方法は「はい／いいえ」をチェックするだけでとても簡単です。

状況を知ることが、よりよい介護へとつながり、未来の幸せを呼び込みますので、できるだけ素直に答えることが大切です。

「基本チェックリスト」で心身の状態を確認!

「はい」「いいえ」に○をし、色のついた項目の○の数を記入しましょう。診断結果は以降のページにあります。

1	バスや電車で1人で外出していますか	はい	いいえ
2	日用品の買い物をしていますか	はい	いいえ
3	預貯金の出し入れをしていますか	はい	いいえ
4	友人の家を訪ねていますか	はい	いいえ
5	家族や友人の相談にのっていますか	はい	いいえ
	1～5で色のついた項目に○をした数		個
6	階段を手すりや壁をつたわらずにのぼっていますか	はい	いいえ
7	椅子に座った状態から何もつかまらずに立ち上がっていますか	はい	いいえ
8	15分くらい続けて歩いていますか	はい	いいえ
9	この1年間に転んだことがありますか	はい	いいえ
10	転倒に対する不安は大きいですか	はい	いいえ
	6～10で色のついた項目に○をした数		個
11	6カ月間で2～3kg以上の体重減少がありましたか	はい	いいえ
12	体重(kg)÷身長(m)÷身長(m)が18.5未満ですか	はい	いいえ
	11～12で色のついた項目に○をした数		個

13	半年前に比べて固いものが食べにくくなりましたか	はい	いいえ
14	お茶や汁物などでむせることがありますか	はい	いいえ
15	口の渇きが気になりますか	はい	いいえ
	13〜15で色のついた項目に○をした数		個
16	週に1回以上は外出していますか	はい	いいえ
17	昨年と比べて外出の回数が減っていますか	はい	いいえ
	16〜17で色のついた項目に○をした数		個
18	周りの人から「いつも同じことを聞く」などの物忘れがあると言われますか	はい	いいえ
19	自分で電話番号を調べて、電話をかけることをしていますか	はい	いいえ
20	今日が何月何日かわからない時がありますか	はい	いいえ
	18〜20で色のついた項目に○をした数		個
21	(ここ2週間)毎日の生活に充実感がない	はい	いいえ
22	(ここ2週間)これまで楽しんでやれていたことが楽しめなくなった	はい	いいえ
23	(ここ2週間)以前は楽にできていたことが今はおっくうに感じられる	はい	いいえ
24	(ここ2週間)自分が役に立つ人間だと思えない	はい	いいえ
25	(ここ2週間)わけもなく疲れたような感じがする	はい	いいえ
	21〜25で色のついた項目に○をした数		個

出典:新潟市基本チェックリストパンフレット

それでは、結果の発表です。

基本は、色のついた項目に○をした数から診断結果を確認します。

ここでわかるのは、あくまでリスクですから、数が多いからといってあまり一喜一憂しないでください。

繰り返しますが、高齢になってくると、どうしても次のような症状は出てくるもの。大切なのは、それをふまえて今後どうしていくかだということを忘れないでください。

■質問1～20／総合的な生活機能のチェック
色のついた項目に○をした数が10個以上の方
⇒生活機能全般のリスクあり
生活機能の低下が見えはじめると、心身の衰えが早まる恐れがあります。

■**質問1～5／生活機能全般のチェック**

色のついた項目に1個でも○がある方

⇒体を動かす機会を増やすなど、健康を意識した生活を心掛ける必要あり

■**質問6～10／運動機能のチェック**

色のついた項目に3個以上○がある方

⇒運動機能のリスクあり

足腰の衰えは生活の活力を弱め、転倒・骨折の危険にもさらされます。無理のない範囲で毎日、体操やストレッチを行いましょう。

■**質問11～12／栄養状態のチェック**

色のついた項目に2個○がある方

⇒栄養状態のリスクあり

栄養不足は筋力の衰えや抵抗力・免疫力の低下を招きます。

配食サービスを利用することも改善策の1つです。

■質問13～15／口腔《こうくう》機能のチェック

色のついた項目に2個以上○がある方

⇒口腔機能のリスクあり

食べたり飲んだりする口腔機能が衰えると、低栄養状態や肺炎になる恐れが生じます。

口腔機能のリスクを改善するための口腔ケアは、介護保険などで受けられるものがありますので、ぜひ利用を検討してみてください。

また、**128ページに口腔機能改善のストレッチも紹介しています**ので、ぜひそちらも試してください。

■質問16〜17／閉じこもりの傾向のチェック

質問16に「いいえ」と回答

⇒閉じこもりのリスクあり

（質問17に「はい」と回答した場合は特に注意）

家に閉じこもると心身の活動が弱まり、体力や認知機能の低下を招く恐れが。おっくうになる気持ちもわかりますが、できるだけ外出し、人と会うことを心掛けましょう。

■質問18〜20／認知機能のチェック

色のついた項目に1つでも○がある方

⇒認知症のリスクあり

気になる結果が出た方は、112ページのチェックもぜひやってみてください。

認知機能に少しでも気になることがあれば、早めの受診を推奨します。

■質問21～25／心の健康状態のチェック

色のついた項目に2個以上○がある方

⇒うつのリスクあり

うつ病を患うと、心身の衰弱が助長されることが考えられますので、専門医に相談することをおすすめします。

1回だけで終わらずに、ぜひ1年に1回でも、体の状態を知るためにチェックしましょう。

医師が開発した認知症のチェックシート

「物忘れすることはありませんか？」

こう質問すると、多くの方が「心当たりがある」とおっしゃいます。

そして、ついつい「認知症？」と不安になってしまいます。

2025年には、高齢者の5人に1人が認知症と推測するデータもありますし、認知症の人が認知症の人を介護する「認認介護」という言葉もメディアでよく聞かれ、「認知症」を気にする方も少なくないのではないでしょうか。

いたずらに不安がる必要はありません。

ただ、認知症の初期症状を知っておくことは、早めのケア、準備を整えることで、介護する側もされる側も非常にラクになります。

「人や物の名前がパッと出てこない」「物をどこにしまったか、忘れることが多い」「友達と会食の予定をしていたのに、すっぽかしてしまった」など、高齢になるとうっかり忘れてしまったり、記憶を思い出すのに時間がかかったりすることは、誰しもに起こり得ることです。

これらは加齢とともに脳の機能が低下していくことに起因していますが、**本人が忘れてしまったことを自覚している場合は、加齢による物忘れ**といえるでしょう。

例えば昨晩、友人宅に行ってごちそうになった料理名をなかなか思い出せないというのは、誰にもあり得ることです。

認知症の場合には、「自分の行為自体を忘れてしまう」という特徴があります。

例えば、友人宅に行って食事をした行為自体を忘れてしまい、「一緒にタクシーに乗ったじゃないの」「デザートまでごちそうになったでしょ」と**ヒントを出しても、「そんなことはしていない」と言い張る**ようなケースです。

こうなると、少し認知症を疑ってみてもよいかもしれません。

ただ、こうした兆候は、自分たちだけでは判断がつきにくいものです。

こんな話も聞いたことがあります。

遠隔地に住んでいる母親から、「最近、話しかけてもお父さんが返事をしなくなったのよ。しゃべったかと思ったら、トンチンカンな答えばかりかえってくるし。もしかしたら認知症になったのかしら」と娘さんが、相談を受けたそうです。

そこで、娘さんが父親と電話で話したところ、確かに、会話がまったくかみ合いません。

これはと思い、いろいろと認知症の治療について調べていたそうです。

しかしある日、父親が耳掃除をしたところ、大きな耳垢《みみあか》が出てきて、それがとれた途端、会話がかみ合うように。

単純に、耳垢が詰まっていて、聞こえにくくなっていただけでした。

これは、あまりないケースだと思いますが、いろいろな原因で認知症に似た症状が出ることがあります。

不安がるよりも前に、認知症かどうか調べてみることが大切です。

専門の外来に行くというのも1つの手ですが、本人が自覚症状がない場合、「まだボケていない」と病院に行くのを拒むことも少なくありません。

まずは、現状把握をしっかりとするためにも、**認知症の疑いがあるかどうか112ページに掲載した「長谷川式簡易知能評価」を試してみること**をおすすめします。

これは、認知症診療の第一人者である長谷川和夫医師が開発したもので、医療機関でも広く活用されています。

所要時間は10～15分程度です。

質問を出す前に、「質問8」で使う、相手に見せるための5つの品物を用意しておいてください。

「時計、鍵、マグカップ、ペン、硬貨」といったように、互いに関連性のないものを選ぶようにしましょう。

9つの質問に答えて、それぞれ点数をつけ、合計点数で認知症レベルを判断することができます。

合計得点の最高点は30点で、目安として20点以下の場合は「認知症の疑いがある」という判定になります。

1人でやってみることもよいのですが、できれば自分が介護を行うことになる、もしくはすでに介護をしているパートナーや親御さんなどと一緒にやってみることをおすすめします。

認知症の場合、物忘れの自覚がないため、また、「万が一認知症の疑いがでたらどうしよう」という恐怖から、パートナーや親御さんにやってみてとうながしても、「そんなのは必要ない」とピシャリと断られることも考えられます。

そうした際には、「昨日、こんなことを忘れていたよ」「最近、物忘れが増えているよ」と、**本人が物忘れをしていた事実をやさしく伝え、本人の状況を心配していることを率直に話しましょう。**

そして、認知症は早期発見・早期治療が大切であること、治療によって進行を遅らせることができることを伝え、**「私も気になるからやってみる。一緒にやってみない？」というようにうながしてみてください。**

認知症をチェックしてみよう
（長谷川式簡易知能評価）

パートナーと一緒にやってみましょう。お互いに質問を出し、答えに応じた点数を○で囲んで合計しましょう。

	質問内容		点数
1	お歳はいくつですか？（2年までの誤差は正解）		⓪①
2	今日は何年何月何日ですか？ 何曜日ですか？ （年月日、曜日が正解でそれぞれ1点ずつ）	年 月 日 曜日	⓪① ⓪① ⓪① ⓪①
3	私たちがいまいるところはどこですか？ （自発的にでれば2点、5秒おいて家ですか？ 病院ですか？ 施設ですか？のなかから正しい選択をすれば1点）		⓪① ②
4	これから言う3つの言葉を言ってみてください。 あとでまた聞きますのでよく覚えておいてください。 （以下の①、②のいずれか1つで、採用した方に○印をつけておく） ①：a）桜 b）猫 C）電車 ②：a）梅 b）犬 c）自動車		⓪① ⓪① ⓪①
5	100から7を順番に引いてください。 （100-7は？、それからまた7を引くと？ と質問する。最初の答えが不正解の場合、打ち切る）	（93） （86）	⓪① ⓪①

	質問内容		点数
6	私がこれから言う数字を 逆から言ってください。 (6-8-2、3-5-2-9を逆に言ってもらう、3桁逆唱に失敗したら、打ち切る)	2-8-6 9-2-5-3	⓪① ⓪①
7	先ほど覚えてもらった言葉をもう一度 言ってみてください。 (自発的に回答があれば各2点、もし回答がない場合以下のヒントを与え正解であれば1点) a)植物　b)動物　c)乗り物		a ⓪①② b ⓪①② c ⓪①②
8	これから5つの品物を見せます。それを隠しますのでなにがあったか言ってください。(時計、鍵、タバコ、ペン、硬貨など必ず相互に無関係なもの)		⓪①② ③④⑤
9	知っている野菜の名前をできるだけ多く言ってください。(答えた野菜の名前を右欄に記入する。途中で詰まり、約10秒待っても出ない場合にはそこで打ち切る) 0～5個＝0点、6個＝1点、 7個＝2点、8個＝3点、 9個＝4点、10個＝5点		⓪①② ③④⑤
合計得点			

出典：一般社団法人 日本老年医学会 加藤伸司ほか: 老年精神医学雑誌 1991; 2: 1339.

「介護バテ」を防ぐことが「介護の共倒れ」を遠ざける

これまで、心身のチェックシートをいろいろとご紹介してきましたがいかがだったでしょうか?

大切なのは、結果ではありません。

チェックシートを通して、介護する側と介護される側、お互いの心身の現状を見つめ直すということです。

ぜひ、1つのきっかけとして利用してください。

最後にもう1つ、チェックして見つめ直してほしいところがあります。

それは介護で頑張りすぎていないかどうか、**自分の体の状態はそっちのけで行う昔ながらの「我慢と忍耐の介護」になっていないかどうか**です。

大事なことなので、繰り返させてください。

特に老老介護においては、介護をする側の心身が健康であるかどうかが、大きなポイントになります。

介護をする側がバテてしまう「介護バテ」のような状態になってしまうと、介護される側も困ってしまいます。

大事な人のためにも、無理をせず、自分をいたわってあげてください。

そのために、**介護をしている今の自分の状態を知る**こと。

必要であれば、ケアマネージャーや役所の福祉関連課などに相談し、かかりつけ医に体調を診てもらったり、介護サービスの利用を増やしてみたりと、改善策を検討しましょう。

まずは、次ページにある質問リストに答えてみてください。

この質問リストは、ケアマネージャー（詳しくは第3章で）と面談を行う際に、介護する側が自身の状況を整理して伝えられるように作成されたものです。

老老介護における自己診断に有効です。

この質問リストは、これまでのものと異なり、どこにチェックがついたから、〇〇だというようなものではありません。

あくまで現状を確認するためのものです。

振り返ってみて、気になるところがあれば、これをもとにケアマネージャーに相談してみるなど、前述した改善策を講じてみてください。

こうしたチェックは、一度行えば、それでおしまいというものではありません。

体調の変化が激しい高齢者の場合、介護の状態の変化も激しいので、頑張りすぎて体が悲鳴をあげていないか、季節ごとや半年ごとなど、期間を決めてできるだけこまめに行うようにするとよいでしょう。

介護するあなたの健康状態は大丈夫?

心身の状況や相談相手の有無、負担に感じていることなどを定期的にチェックし、自分自身の健康状態も確認しましょう。

1.要介護者との人間関係について

a.よい　b.まあよい　c.普通　d.あまりよくない　e.よくない

2.自分自身の状態について

①体調は?

a.よい　b.まあよい　c.ややよくない　d.よくない

②睡眠は?

a.よく眠れる　b.まあ眠れる　c.あまり眠れない　d.眠れない

③食事は?

a.よく食べられる　b.まあ食べられる
c.あまり食べられない　d.食べられない

④イライラすることは?

a.よくある　b.時々ある　c.あまりない　d.ない

⑤落ち込むことは?

a.よくある　b.時々ある　c.あまりない　d.ない

⑥孤立を感じることは?

a.よくある　b.時々ある　c.あまりない　d.ない

3.介護を実際に手伝ってくれる人は?
（家族、親戚、きょうだい、友人など）

a.います　b.いません

4.困ったときに頼める人は?
（介護サービス事業者も含む）

a.います　b.いません

5.悩みや気持ちを相談できる人は?

a.います　b.いません

6.介護に関する専門的なことを聞ける人は?

a.います　b.いません

7.介護をするうえで負担と感じるのは?
（該当するもの全てに○）

a.買い物　b.食事の用意（調理）　c.掃除
d.洗濯　e.食事介助　f.起床・就寝の介助
g.着替えの介助　h.洗面・入浴介助　i.排泄介助
j.服薬介助　k.通院介助　l.夜間の世話
m.認知症の症状への対応（物忘れ、徘徊など）
n.要介護者との会話　o.見守り　p.金銭管理
q.仕事との両立　r.介護のために通うこと
s.きょうだいや親戚との人間関係　t.近隣との人間関係
u.その他（　　　　　　　　　　）
v.負担は感じていない

出典：認知症の人と家族の会愛知県支部「介護家族より
ケアマネジャーに伝えたいことシート」をもとに、編集部で改変

高齢者に欠かせない恒例行事とは？

これまで紹介してきた「セルフチェック」とともに、**ぜひ習慣化してほしいのが「プロフェッショナルチェック」。つまり、健康診断**です。

厚生労働省が発表した「第11回高齢者の保健事業のあり方検討ワーキンググループ」の資料によると、「後期高齢者医療の被保険者に係る健康診査（以下「健診」とする。）は、すべての広域連合により実施されており、健診受診率は28・5％（令和元年度）となっている」とあります。

各地域で、健康診断は行っているようですが、多くの方が利用されているというわけではなさそうです。

高齢になるにつれて心身の機能に衰えが進み、病気になりやすく、しかも慢性化しやすいリスクが高まっていきます。

「体がだるい」「頭痛がする」「食欲が落ちて体重が減ってきた」といった症状が現れた場合には、かかりつけ医を受診する必要があります。

一方、**病気の中には症状の自覚がないまま悪化してしまうものがあります。**

生活習慣病が、その1つです。

介護が必要になった主な原因（74ページ参照）にあげられる脳血管疾患は、自覚症状がほとんどないまま突然降りかかってきます。

しかし、実は**体内では突然の出来事ではなく、知らず知らずのうちに動脈硬化が進んでいたというケースが多く見られます。**

糖尿病も症状が現れにくく、合併症が出るまで気づかなかったというケースも見られます。

介護の忙しさから「時間がとれなかった」「心配なときはいつでも医療機関を受診できる」「めんどう」といって後回しになってしまう。

その気持ちはよくわかります。

しかし、健康診断は、まさに転ばぬ先の杖。自覚症状が現れていないうちに早期に病気を発見することで、適切な治療につなげることができます。

生活習慣病になりやすいリスクがあるかどうかも確認でき、食事の改善や運動、睡眠の確保などによって、病気予防・介護予防を行うことができます。

しつこいようですが、老老介護では、介護する側の健康管理が疎かになりがちです。

慢性的な疲労や睡眠不足によって病気のリスクを高める恐れがあります。

「私は大丈夫」「病気が発見されるほうが怖い」と思うのではなく、**介護する側も、介護される側も健康診断を毎年の恒例行事**として受診しましょう。

「坪田式ストレッチ」で介護や家事のスキマに体力維持

年齢とともに体力の衰えを感じたり、関節の可動域が狭くなったりすることは、仕方のないことです。

しかし、**体操やストレッチを続けることで、体力を維持し、硬くなることを抑えることができます。**

無理のない範囲で生活に取り入れてみましょう。

ここでは、介護や家事のちょっとした合間にも気軽に体を動かせる「坪田式ストレッチ」を紹介しましょう。

私が信頼する鍼灸《しんきゅう》マッサージ師・菊池英二さんにアドバイスをもらい、高齢者の皆さんが体力維持を図っていただけるように考案したものです。

それぞれのストレッチをゆっくりと、①〜⑤を3〜5セット行うと、十分な効果を得られると思います。

次の注意事項に留意しながら、試してみてください。


【ストレッチを行う際の注意事項】

- 痛みがあったらやめる
- 無理をせず、できる回数行う
- 他人と比べない
- 昨日の自分とも比べない
- 気持ちいい範囲でやめる
- 呼吸を止めない
- 反動をつけない

「坪田式ストレッチ」でリラックス

1つひとつゆっくりと無理なく行い、呼吸は自然に続けましょう。体の伸びているところや動かしているところを意識して行うと、よりスッキリします。

①首と肩のストレッチ

1. ゆっくりと首を左に傾けながら、同時に左肩をゆっくりと上げていく（左の肩に耳をつけるような気持ちで）。右の肩は下げたまま。反対側も同様に行う。交互に5回繰り返す。

▼

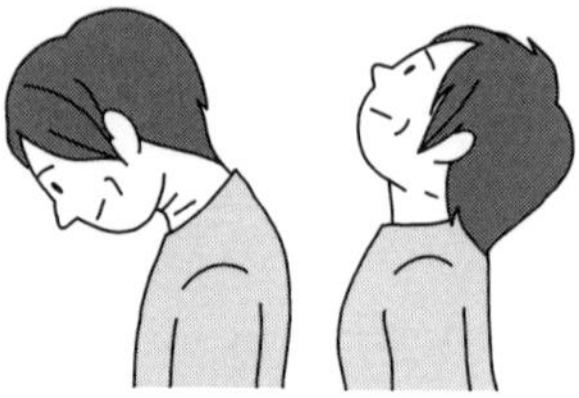

2. 同じペースで首を前後に傾け、5回繰り返す。

▼

3. ラジオ体操の首回しをイメージをしながら5回、ゆっくりと回す。

②指と頭のストレッチ

1. 腕を前に伸ばし、両手の指をしっかりと開き、閉じるを5回繰り返す。

▼

2. 腕は伸ばしたまま、両手で力いっぱいグー、次にチョキ、最後にパーをつくる。これを5回繰り返す。

▼

3. 右手が絶対に勝つように、両手でグーチョキパーをつくる。これを3回繰り返す。

▼

4. 左手が絶対に勝つように、両手でグーチョキパーをつくる。これを3回繰り返す。

③腰をひねるストレッチ

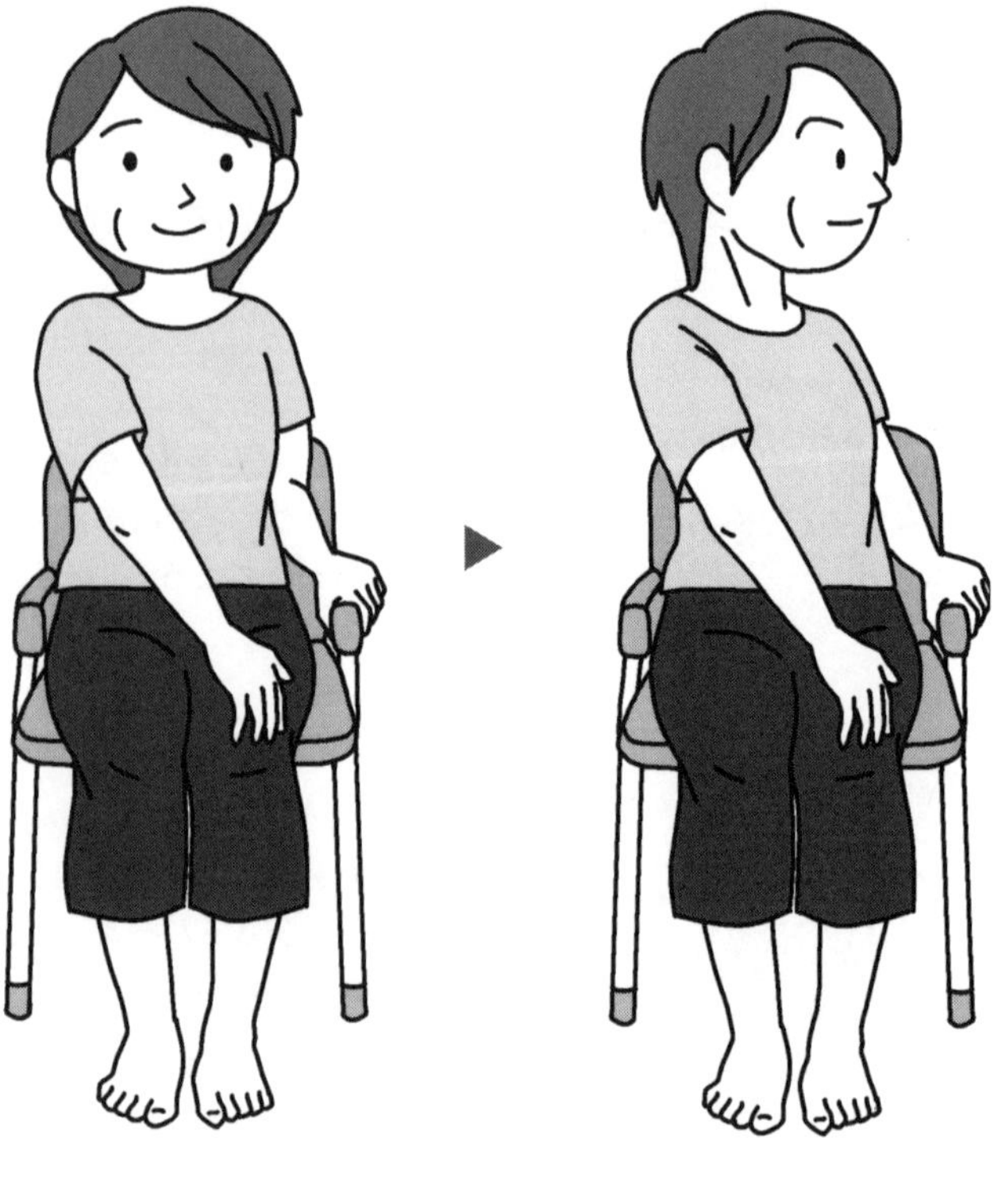

1. 椅子に座り、一方の手を反対の太ももに置き、もう一方の手で椅子の座面や肘かけなどをつかむ。

2. 手を置いた太もも側へゆっくりと上半身をひねり、背中を伸ばしたままで10秒キープ。反対も同様に。

④肩甲骨のストレッチ

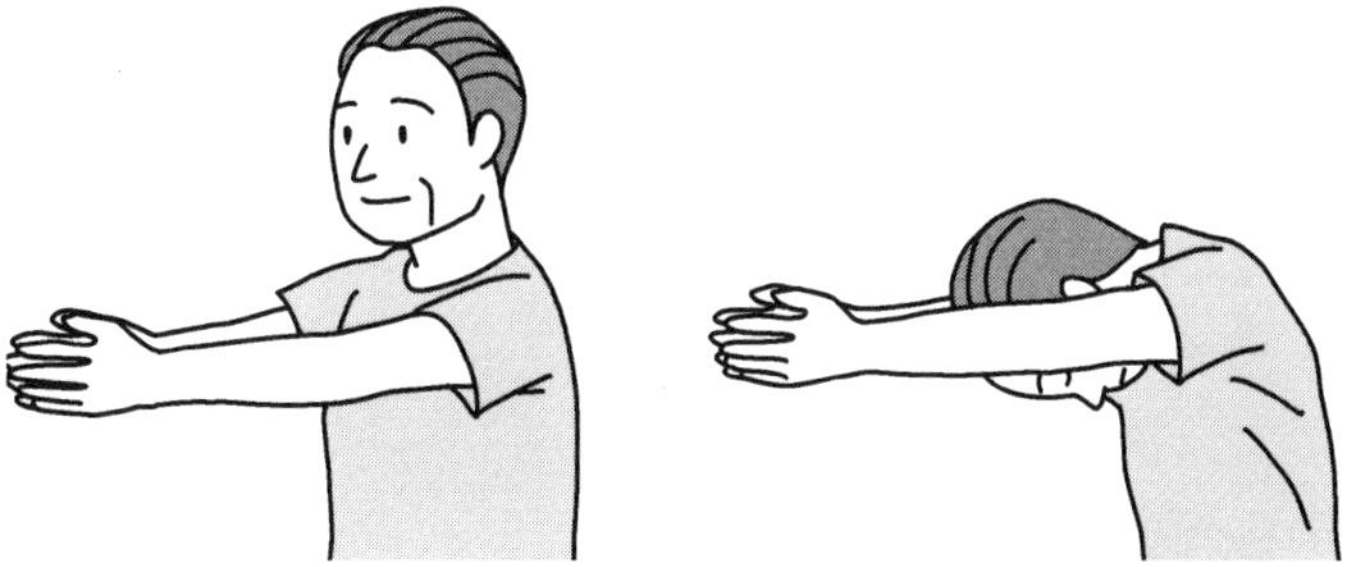

1. 両手を前に出して手のひらを合わせ、手を前に伸ばしながら背中を限界まで丸めて10秒キープ。このとき、肩甲骨が開くように意識する。

▼

2. 姿勢を戻し、両手を頭の後ろで組み、ゆっくりと肘を限界まで後ろに引き10秒キープ。肩甲骨が寄り、肩周りの筋肉が伸びていることを意識する。

⑤顔と口のストレッチ

1. 口を大きく開け、大きく閉じる。

▼

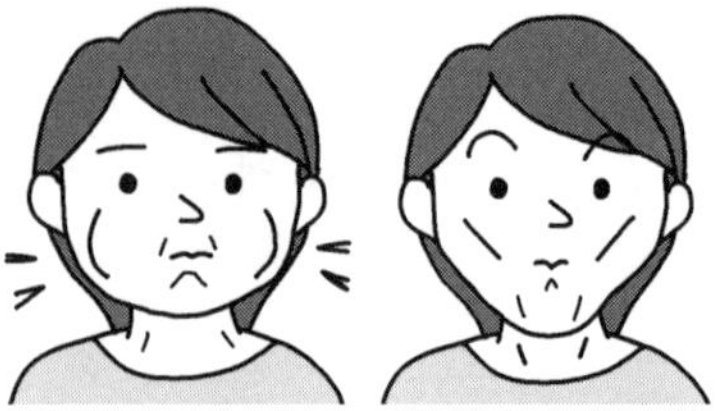

2. 頬を膨らませたり、へこませたりする。

▼

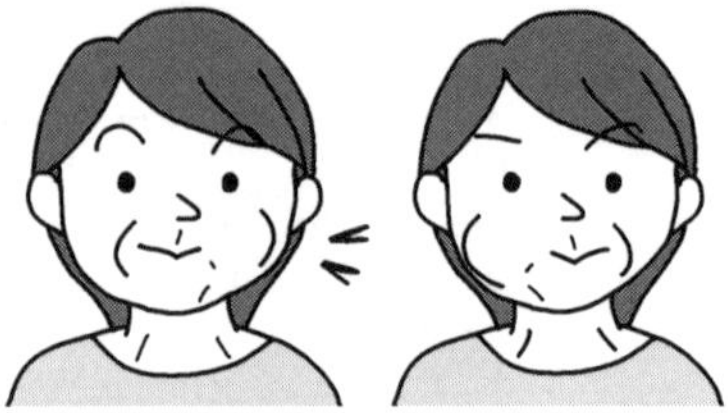

3. 口の中で舌を左側、右側へと動かす。1〜3を5回繰り返す。

▼

4. 口を開け、舌を大きく円を描くように動かす。時計回りに3回回転させたら、反時計回りに同様に行う。

介護で疲れたあなたの心を癒やすお守りとは

ここまで、介護する側や介護される側の心身の状態を確認するためのチェックが続きました。

自分や相手の現状をあらためて確認するというのは、なかなかしんどいものがあったかもしれません。

しかし、**この頑張りが、必ず今後の介護をラクに、よりよいものにしてくれます。**

ぜひ、定期的に前向きに取り組んでください。

さて、**ここからは、あなたの心をラクにするリストづくり**を紹介します。

老老介護をしていると「1人ぼっちで介護をしている」という孤独感がつきまといます。

その孤独感は、心身に大きなダメージを与え、介護をより苦しいものへとしてしまっているケースも少なくないように感じます。

特に周りに親族がいないという方は、その傾向が強いのではないでしょうか。

ただ、これだけははっきり言えます。

どんな人にも、介護を助けてくれる人はいます。

日本が「介護保険制度」を続けている限りは、介護を支えてくれる人が必ずいるはずですし、いなくてはいけません。

介護を1人で抱え込んでいると、いずれ限界が訪れてしまいます。

頼れることは頼り、困ったことがあれば遠慮なく相談し、手助けを求めることが大切です。

特に老老介護の場合、当事者同士で解決しようと考えれば考えるほど、外とのつながりが遮断《しゃだん》されてしまい、状況の悪化をたどってしまう恐れがあります。

でも、「そう言われても誰に頼ればいいの？」「自分にはそんな人なんていない」という方もいらっしゃるかもしれません。

そこで、時間を見つけて「介護を助けてくれる人リスト」をつくってみてください。

手はじめに普段やりとりしている医療・介護の専門家たちをリストアップしてみましょう。

かかりつけ医、地域の民生委員、地域包括支援センターの担当者、ケアマネージャー、訪問看護ステーションの看護師など、できれば、顔を思い浮かべながらお名前をあげていくと、「皆さんが支えてくれている」ということを再確認でき、あらためて心強さを感じられるものです。

家族や親戚、地元の友人・知人、学生時代の友人、元職場の同僚など、自分のこれまでのさまざまな出会いを振り返りながら、「この人なら相談しやすい」「頼りにできそう」という「近い存在」をリストアップしてみましょう。

すでに介護をしている方も、前述の専門家のリストづくりに続いてやってみてください。

本書巻頭に、オリジナルの介護を助けてくれる人をリストアップできる付録を設けています。

次ページに記入例をご紹介しますので、ぜひ参考にしながら記入していただき、冷蔵庫にマグネットを使って貼りつけるなどして、**普段からよく見えるようにしておきましょう。**

きっとあなたの心を癒《い》やすお守りとなってくれるはずです。

「あなたの介護を助けてくれる人リスト」の記入例

顔を思い浮かべながらリストをつくってみてください。事業所や企業名を書く場合、わかれば担当の名前も書きましょう。これをきっかけに、長く会っていない学生時代の友人などに久しぶりにご連絡してみるのも楽しいでしょう。

介護全般の相談窓口

名前	電話
地域包括支援センター 福井さん	03-XXXX-XXXX
ケアマネージャー　山田さん	090-XXXX-XXXX

友人・近所の仲間

中山しほ	080-XXXX-XXXX
カラオケ仲間　かず人さん	070-XXXX-XXXX

書くだけで、生きる活力がわく魔法のリスト

「あなたの介護を助けてくれる人リスト」をつくっていくうちに、「大学時代の友達、また会いたいなあ」「会社でお世話になった先輩、どうしているだろう」と、会いたい人の顔が記憶の中からよみがえってきた人はいなかったでしょうか？

家族の**介護と向き合うようになり、自分自身の人生も終盤に差し掛かってきても、いえ、むしろ人生のエンディングが近づいているからこそ、「やりたいこと」「会いたい人」がより鮮明に心に響き、「叶えたい」という意欲は、大切にするべき**だと私は感じています。

介護に追われふさぎ込みがちになりかねない日々に、「いつまでも健康でいられるように体操をはじめよう」「身だしなみをキレイに整えよう」と、きっと新しい活力が芽生えてくるはずです。

ぜひ介護される側の方もリストに書き込んでください。

「やりたいこと」「会いたい人」の存在をあらためて意識することで、1つの目標ができるのではないでしょうか。

近いうちにやりたいこと、会いたい人に思いをめぐらせ、書き出してみるだけでも格好の頭の体操にもなりそうです。

本書冒頭、「あなたの介護を助けてくれる人リスト」の裏に、やっておきたいこと・会っておきたい人などを記入できる付録がついていますので、ぜひ活用してみてください。

また、リストを作成する際には、自分の人生をあらためて振り返ってみましょう。

子どもの頃に両親と一緒に行った中華料理店、また、行ってみたい。

妻と初めて暮らした団地、まだあるなら訪ねてみたい。

学生時代のサッカー部の仲間と、また集まって話したい。

「こんなこともあったなあ」「こんなやつもいたなあ」と、記憶をたどっていくと、なつかしい日々の光景がみずみずしくよみがえり、時がたつことを忘れるくらい楽しく、温かい気持ちになることでしょう。


また、**やりたいことを考える際には、季節から想像を広げるのもおすすめ**です。

例えば、春の満開の桜に思いを馳せて、「あと何回見られるだろう。来年の春には夫婦でお花見をしたい」。夏には「孫とスイカを食べたい」。秋には「日光の紅葉をもう一度見てみたい」。冬には「雪景色を眺めながら温泉に浸かりたい」。

四季の移ろいを感じ続けることで、日々の楽しみが広がるはずです。

そして、やりたいこと・会いたい人リストができたなら、優先順位をつけ、すぐに実現できそうなことからはじめてみましょう。

必要に応じてケアマネージャーやホームヘルパーに相談すると、きっと手立てを考えてくれます。

また、**リストも、冷蔵庫など目立つところに貼っておきましょう。**

なかなか、自分から「あれやりたい」「これやりたい」とは、言いにくいものがあるかもしれません。

そこで、**あえて、パートナーや家族の目にもとまりやすいところにおいておくことで、「こんなことをやってみたかったんだ」「やらせてあげよう」ということを認識してもらうきっかけになる**はずです。

コピーして書き込んで「あなたの介護を助けてくれる人リスト」と並べて貼ってもよいでしょう。

ぜひ、試してみてください。

「介護しやすい住まい」を整えるために大切なこと

介護する側、介護される側の状況を確認するとともに、忘れてはいけないのが、**家族の暮らしをこれまで一緒に守ってきた家の存在**です。

老老介護の場合、住み慣れた自宅での在宅介護を選ばれている方が、多いと思います。

ただ、年齢を重ねるにつれ、さらに介護という大きな暮らしの変化が起きるなかで、暮らしやすい家も変わっていきます。

在宅介護を少しでもラクにするポイントは、住まいを介護しやすい環境に整えることです。

介護予防の面から考えても、手すりの設置や滑り止め防止、段差解消など、自宅に潜む転倒などの危険をできるだけ取り除くことが大切になります。

といっても、**要介護者の状態や生活スタイル、住まいの大きさ・間取りなど、さまざまな要素によって「介護しやすさ」は違ってきます。**

例えば手すりの設置位置を検討する際には、左利きなのか、右利きなのか、体に麻痺がある場合には左右どちらに麻痺があるのか、廊下の幅にゆとりはあるのかなど、さまざまな場面を想定しておく必要があります。

個々の事情によって左右される要素が多いので、「介護しやすい住まい」を考える際には、**自分たちの状況や生活などをふまえながら、介護する側と介護される側双方の目線で住環境をチェックすることからはじめるとよい**でしょう。

その際には、2人揃って玄関から生活動線に沿って移動し、つまずいたり、滑ったり、体が引っかかったりする恐れがないかどうかを確認するようにしてください。

住まいを介護しやすくするためのポイントとアドバイス

とはいえ、漠然と見るだけでは、気がつきにくいところもあるかもしれないと思い、家を確認するうえでのポイントとアドバイスを書き出してみました。

ぜひ参考にしてみてださい。

■玄関

玄関で靴を脱いで上がる段差が高く、バランスを崩して転倒する事故が少なくありません。

「慣れているから、気をつけてと言い聞かせているから」で済まさずに、**壁に手すりを設置したり、式台（踏み台）を使って高低差を少なくしたりする**など、ケアマネージャーなどの専門家に相談することをおすすめします。

車椅子での移動を想定する際には、スロープの設置を検討します。スロープの幅が狭すぎると車椅子が方向転換しにくくなります。

よく履く靴の収納は、出し入れの際に腰をかがめたり伸ばしたりが少ない低すぎず、高すぎずの腰高付近が理想的です。

■廊下・部屋の出入り口・階段

転倒事故予防の手すりを設置する場合には、移動介助者の立ち位置や姿勢、手の位置などを確認し、**手すりが移動介助の妨げにならない位置や角度を検討**してください。

車椅子の利用を想定するなら、手すりが移動の妨げにならないよう、**廊下の幅と手すりの設置位置のバランス**を確認しましょう。

廊下や部屋の出入り口にある敷居につまずかないように**段差をなくす、あるいは段差解消スロープを施すなどを検討**したいところです。

階段には各段に滑り止めをつけると転倒防止につながります。

■**リビング**

床座りを続けると前のめりの姿勢になり、重い頭を首で支えることになって、首や肩回り、腰に負担がかかり、痛めてしまう可能性がありますので、座ったり立ち上がったりがラクにできる椅子を活用するのがおすすめです。

ラグがめくれあがっているとつまずく恐れがあるので、利用はできるだけ避けたいところ。滑りにくい床材やカーペットに変更すると安心です。

■**トイレ**

座ったり立ったりする際の手すりの設置は必須といえます。

足腰への負担が少ない洋式便座が理想的です。

開き戸の開け閉めの際には一歩、後ずさる動作が必要となり、体のバランスを崩してしまいかねないので、**引き戸や折れ戸への改修を検討**しましょう。

■ **浴室**

洗い場での転倒や浴槽でおぼれる恐れがありますので、洗い場や浴槽の底に滑りにくいマットを敷きましょう。

ヒートショック対策に暖房を設置することも検討したいところです。

介護しやすい環境を整えるといっても、住まいの改修となると、何かとお金がかかるものです。

しかし、**介護保険を活用すれば、要介護度にかかわらず、介護保険の適用対象である「住宅改修」に対して自己負担額を含む20万円まで支給されます**ので（288ページ参照）、ケアマネージャーと相談しながらやりくりするとよいでしょう。

遠距離介護の不安は、コレで減らす！

この本を今読んでいる方の中には、離れて暮らす親御さんを心配してというケースもあると思います。

とりわけ、高齢の域に達した親がどんな状況にあるのかわかりにくい場合、不安はいっそうのことでしょう。

その方たちへのアドバイスでこの章を終わりたいと思います。

知らず知らずのうちに老いが進み、両親のどちらかが介護を必要とする状況になっていた――そうした事態も十分に考えられます。

すでに老老介護の状況にあるなら、なおさら2人だけで大丈夫だろうかと、不安がつきまとうものです。

離れて暮らす親御さんの状況を把握するには、コミュニケーションをこまめに取ることです。

例えば、「日曜日の朝にテレビ電話をし、顔を見ながら生活や体の様子、近況を確認する」といった**コミュニケーションの場を取り決めておくのも方法**です。

できることならば、LINEなどのコミュニケーションツール上で「おはよう、今日も変わらず元気」「今日は腰痛が気になるので、整骨院に行ってくる」と、**毎朝近況を報告してもらうようにすれば、変化の兆候を見逃しにくくなり、何かあっても迅速に対応できます。**

ひと言だけの発信なら、続けやすいのではないでしょうか。

遠隔介護は、周囲との連携が不可欠

離れて暮らす親御さんが要介護中の場合は、かかりつけの主治医やケアマネージャー、訪問介護ステーションの担当者などに、定期的に状況を共有してもらうようにお願いするといいでしょう。

また、訪問介護や訪問リハビリ、配食サービスなどを利用している場合には、訪問時に自宅内に**何か異変が見られないかを確認してもらうように依頼し、気になることがあれば連絡をもらうようにしておく**と安心です。

私の場合、要介護者のケアマネージャーから状況の報告やサービス内容などについて、介護を主に行うキーパーソンだけでなく、私をはじめとした関係者にもメールを送ってもらっています。

離れて暮らしながらも家族で情報を共有し、補い合えるのはとても安心です。

訪問看護ステーションを運営していたときに、自宅で訪問看護を利用しながら暮らすご夫婦がいらっしゃいました。

3人の娘さんはそれぞれフランス、東京、大阪に在住でしたが、遠距離でありながらもできる限りの介護をされていました。

フランスと日本の時差は、7時間。日本が朝9時を迎えても、フランスはまだ深夜2時ですから、タイムリーなやりとりが難しい状況でした。

それでも3人の娘さんは、むしろ時差を生かして昼夜の情報を切れ目なく共有し合う仕組みをつくり、両親を支え続けていました。

そうした**協力体制を敷くには、やはり、家族での話し合いが欠かせない**と実感させられました。

ぜひこれを機会に一度家族間でしっかり話されることをおすすめします。

第3章

「介護保険制度」はあなたを助ける最高の「仲間」

「介護保険制度」ができて20年以上が過ぎ
「介護を社会で支える」ことを目的に、
さまざまな制度、
仕組みが整いつつあります。
その仕組みをうまく利用することで、
あなたの介護はぐっとラクになるはずです。

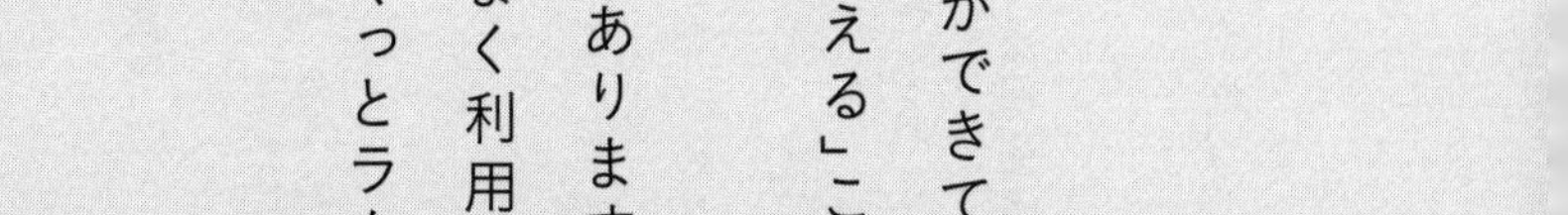

介護の強い味方になる「よろず相談所」地域包括支援センター

ここまで述べてきたように、介護のすべてをあなたが背負う必要はありません。老老介護だったら、なおさら背負うべきではありません。

あなたの周りには、支えてくれる人や制度、物がたくさんあります。**できるだけ、助けを借りられる人や物をあれこれ集めてできるだけラクをしながら、介護をしていく。それこそが、介護する側もされる側も幸せになる介護**です。

では、どのようなものがあなたを支えてくれるのか。ここからは、それを紹介していきたいと思います。

介護について調べたことのある方は、「地域包括支援センター」という言葉を見聞きしているのではないでしょうか。

でも、自分も相談していいのだろうか、どう利用すればいいのだろうかと、利用を躊躇されている方が少ないのが現状のようです。

実は、**地域包括支援センターこそ、高齢者にとって最強の味方**なのです。

ではどんな手助けをしてくれるのか、どう活用すればいいのか、ポイントをわかりやすく解説しましょう。

地域包括支援センターは、いわば高齢者のための「よろず相談所」です。

社会福祉士、保健師（看護師）、主任ケアマネージャーが在籍していて、**高齢者が住み慣れた地域でその人らしい生活を続けられるように、介護や介護予防、日常生活、認知症などに関する相談に無料で応じてくれています。**

加えて、介護保険を利用する際に必要となる要介護認定の申請窓口（165ページ参照）を担い、申請後の要介護度に応じて、具体的なケアプランの作成や介護サービス事業者との調整などを担う居宅介護支援事業者（ケアマネージャーがいる機関）につないでくれます。

利用できるのは、対象地域に在住する65歳以上の高齢者、またはその支援や介護に携わっている方です。

高齢者本人からの相談はもちろん、家族や友人、近所の方がその方の介護や気になることについての相談にも応じています。

例えば、「骨折で入院し、退院後に自宅での介護が必要になった」という相談。専門知識を持つ職員が体の状況や生活の状況などを確認しながら、訪問介護サービスや運動機能の維持・向上を図れる訪問リハビリテーションなどを紹介してくれて、サービスの利用に必要な介護保険申請の手続きもあわせて支援してくれます。

「最近、妻の物忘れがひどくて、認知症なのかもしれない」など、**認知症に関する相談にも応じていて、専門の医療機関を紹介してもらえます。**

また、地域包括支援センターの役割の1つに、要支援認定（164ページ参照）を受けた方や、これから介護が必要となり得る方に対する「介護予防」があります。

要支援認定を受けた方には、地域包括支援センターが介護予防プランの作成を行い、**運動機能の維持・向上、閉じこもり予防、認知機能低下予防、栄養改善、口腔ケアなどの介護予防サービスの活用を提案してもらえます。**

介護予防に向けて、例えば「夫が退職後に家にこもりがちで、何だか覇気がない」といった悩みがあれば、地域やボランティアが主催するカラオケ教室や囲碁クラブ、シニアボランティアなどへの参加まで提案してくれます。

さらに、判断力や認知機能が低下した高齢者が自分の権利を守り続けられるように、高齢者の「権利擁護《けんりようご》」という役割も果たしています。

「権利擁護」としては、高齢者本人や周りの方々からの相談をもとに、詐欺や悪徳商法などへの対応、高齢者虐待の早期発見・防止、金銭管理や介護サービスの契約などを後見人が代行する、成年後見制度の手続き支援などを行っています。

地域包括支援センターは、人口2〜3万人の地域ごとに1カ所ずつ設置されています。

一般的な高等学校区域に1つあると考えていいでしょう。

自分の住んでいる**地域にはどこにあるのかを知るには、市区町村の介護関連課に問いあわせをするか、インターネットで市区町村のホームページを確認**すると情報が出ています。

直接訪問して相談してもいいですし、電話での相談にも応じています。

利用対象の65歳以上になっても、「自分なんかが頼ると迷惑かも」「自分は大丈夫」と考えてしまう方が少なくないですが、介護について考えはじめたなら、やるべきことを整理するためにも、遠慮なく地域包括支援センターに相談してみてください。

本人が相談するのを拒んでいるなら、パートナーや家族、友人が本人に代わって相談できます。

ただし、**高齢者本人と離れて暮らしている場合も、相談先は高齢者本人が住む地域の地域包括支援センター**なのでご注意ください。

どんな些細《ささい》なことでも強い味方になってくれるはずですから、迷うことなく相談するといいでしょう。

介護保険の仕組みとサービスの整理で見えてくる、有効な使い方

介護保険制度を上手に活用すれば、介護の負担を軽減できます。

その一方で、仕組みや手続きが難解というイメージをぬぐい切れず、制度の活用に消極的な高齢者が少なくないのではないでしょうか。

確かに、私たち専門家から見ても、ややこしいと感じることがあるから厄介です。

そこで本書では、**ポイントを絞って「どう使えばいいか」を解説**しましょう。

まずは、おさらいも含めて、介護保険制度を解説していきます。

介護保険制度は、介護に対する個人負担を減らし、社会全体で支えていくために、2000年に創設されました。

原則40歳以上の国民すべてが加入し、65歳未満は健康保険料に上乗せされるかたちで、65歳以上は基本的に年金から控除されるかたちで介護保険料を支払っています。

介護保険の被保険者、つまり介護が必要になった場合に保険適用の介護サービスを受けられるのは、介護保険料を支払っている人です。

その中で、65歳以上は第1号被保険者、40歳以上65歳未満の医療保険加入者は第2号被保険者に分けられます。

65歳以上の第1号被保険者は、要介護・要支援の認定（164ページ参照）を受けると、**収入に応じて1〜3割の自己負担額で介護サービスを利用できます。**

40歳以上65歳未満の第2号被保険者は、初老期における認知症や脳血管疾患など、特定疾病が原因で介護や支援が必要になった場合に限り、介護保険が適用されます。

介護保険の主な3つのサービス

では、介護保険が適用されるサービスには、どのようなものがあるのでしょうか。

さまざまなサービスがありますが、**大きく「居宅サービス」「地域密着型サービス」「施設サービス」の3つに分類**されます。

老老介護において日常的に利用する機会が最も多いのは、「居宅サービス」ではないでしょうか。

これは、要介護・要支援者が居宅に住み続けながら受けられる介護サービスで、**訪問介護やデイサービス、訪問リハビリテーション、訪問看護、短期入所型サービス**などです。

「地域密着型サービス」とは、高齢者が住み慣れた自宅や地域で生活し続けられるように支援するサービスです。

訪問・通所・短期入所を組み合わせたサービスや、認知症に対応したサービスなどがあります。

居宅サービスと違って、地域密着型サービスを利用できるのは、**原則としてサービスを提供する事業者の所在地と同じ市区町村に住んでいる人に限られます。**

「施設サービス」とは、**特別養護老人ホームや介護老人保健施設などに入所した高齢者に提供される介護サービス**です（詳しくは第4章で）。

介護保険でこんなサービスが受けられる!

本人の状況や希望に応じてケアプランを作成し、それに沿ってサービスを組み合わせて利用します。

居宅サービス

訪問サービス	訪問介護
	訪問入浴
	訪問看護
	訪問リハビリテーション
	居宅療養管理指導
通所サービス	通所介護(デイサービス)
	通所リハビリテーション(デイケア)
短期入所サービス	短期入所生活介護(ショートステイ)
	短期入所療養介護
その他	福祉用具貸与
	特定福祉用具販売
	住宅改修
	居宅介護支援

地域密着型サービス

訪問・通所型	小規模多機能型居宅介護
	夜間対応型訪問介護
	定期巡回・随時対応型訪問介護看護
認知症対応型	認知症対応型通所介護
	認知症対応型共同生活介護 (グループホーム)
施設・ 特定施設型	地域密着型特定施設入居者生活介護 (利用者数29人以下の介護付き有料老人ホームやケアハウス、サービス付き高齢者向け住宅など)
	地域密着型介護老人福祉施設入居者生活介護(利用者数29人以下の特別養護老人ホーム)

施設サービス

訪問・通所型	介護老人福祉施設(特別養護老人ホーム)
	介護老人保健施設
	介護医療院

ひと手間の申請が、介護をぐっとラクにする

介護保険のサービスは、手続きなしですぐに利用できるわけではありません。**利用するためには、居住する市区町村に要介護認定を申請する必要が**あります（手数料不要）。

そこがわかりづらいところであり、なかには面倒くさく思われる方もいらっしゃるでしょう。

しかし、**このひと手間が介護をする5年、10年を大きく変える**ことだけは、ぜひ覚えておいてください。

要介護認定とは、「どれほどの支援や介護を必要とする状態なのか」を要支援1～

2、要介護1~5という度合いで示したものです。
介護保険ではこの判定結果をもとに、要支援・要介護度に応じたサービスを組み合わせて利用します。

ここでは、介護保険のサービスを利用するまでの流れについて、要介護認定の申請方法から見ていきましょう。

要介護認定の申請を受け付けているのは、前述した地域包括支援センター、もしくは市区町村の介護関連課の窓口です。

いずれかの窓口に相談のうえ、「介護保険　要介護・要支援認定申請書」に必要事項を記入して提出し、65歳以上の方は介護保険被保険者証をあわせて提示します。

申請を行う際には、申請の前後1~2週間に医療機関に受診し、主治医に「申請する」もしくは「申請した」ことを伝えます。

その後、市区町村から主治医に意見書の作成が依頼されます。

意見書の依頼にも手数料はかかりません。

申請から1～2週間以内をめどに、認定調査員から電話があり、訪問調査の日程調整を行います。

その後、訪問調査が行われ、その内容と主治医意見書などをもとに一次判定、二次判定が行われ、要介護1～5、要支援1～2、非該当（自立）のいずれかの認定結果が通知されます。

訪問審査のとき、よく見せようと介護を受ける側が頑張りすぎる嫌いがあります。「普段通り」は難しいかもしれませんが、「いつも通りに振る舞わないと、きちんとした審査ができない」ことを、念押ししておくとよいでしょう。

申請から判定結果が届くまでは30日程度かかります。

新規申請による認定の有効期間は原則6カ月で、有効期間の終了前に状態が変わった場合には、再認定を申請できます。

介護保険サービスを利用する流れ

申請後に発行される「資格者証（暫定被保険者証）」をサービス事業者に提示すれば、認定前でも暫定ケアプランに沿って介護保険サービスを受けることができます。

要介護認定の申請
（市区町村の介護保険課、または地域包括支援センター）

▼

訪問調査
（訪問調査員が自宅等を訪れて実施）

医師による意見書
（市区町村が医療機関に意見書を依頼）

▼

一次判定
（訪問調査と主治医意見書をもとにコンピュータが対象者の介助量を算出）

▼

二次判定
（介護認定審査会が介護度を決定）

▼

要支援・要介護認定

▼

ケアプラン作成

▼

サービス利用開始

参考：東京都中野区ホームページ「介護保険 要介護・要支援認定の申請」

要支援・要介護度の目安

要支援1～2は介護の必要性が少なく、サービスの利用は介護予防が中心。要介護1は一部介助が必要で、要介護5は全面的な介護を必要とする最も重度な状態です。

	介護度	状態の目安
要支援	要支援1	日常生活はほぼ自分で行えるが、要介護状態になることを予防するために掃除、買い物などに少し支援が必要。
	要支援2	要支援1よりも日常生活を行う能力が低下し、何らかの手助けが必要。
要介護	要介護1	日常生活は概ね自立しているが、立ち上がりや歩行がやや不安定になり、入浴や排泄などに一部介助が必要
	要介護2	立ち上がりや歩行を自力で行うのが困難。入浴や排泄にも一部または多くの介助が必要。
	要介護3	立ち上がりや歩行を自力で行えない。入浴や排泄、衣服の着脱などにも全面的な介助が必要。
	要介護4	排泄、入浴、衣服の着脱などに全面的な介助、食事に一部介助が必要。介護なしでは日常生活が困難。
	要介護5	生活全般にわたり、全面的な介助が必要。意志の伝達が困難。介護なしでは日常生活が不可能。

参考：厚生労働省、全日本民主医療機関連合会ホームページなど

我慢は禁物！　ケアマネージャーは、相性がいい人を探せる

要介護認定を受けたなら、次に行うのがケアプランの作成です。

介護保険では、ケアプランに沿って介護サービスを受けなければ、給付を受けることができないことになっています。

要介護1～5に認定された方のうち、**在宅介護を受ける場合には、居宅介護支援事業者のケアマネージャーにケアプランの作成を依頼**することが主流です。

また、ケアプランは、本人や家族が作成することも可能です。

これをセルフケアプランといいます。

ケアマネージャーは、地域包括支援センター、もしくは市区町村の介護関連課で紹介してもらうことが可能です。

自身でインターネット等を使って調べて相談することもできます。

ケアプランとケアマネージャーの存在は、介護保険を活用するうえでカギになりますので、その内容や役割について見ておきましょう。

ケアプランとは、高齢者が自立した生活を送れるように支援するための計画書のことです。

ケアプランには、利用者や家族の意向、支援の方針、利用するサービスの内容や頻度、期間、目標などが細かく記載されています。

なぜケアプランが必要なのでしょうか。

例えば、同じ要介護2の認定を受けた人でも、高齢者それぞれの希望や状況、介護の環境、予算などによって必要なサービスは異なります。

また、介護保険では、要介護度ごとに介護保険の給付を受けられる支給限度額（261ページ参照）が定められており、支給限度額を超えた分の費用は全額自己負担です。

そのため、自己負担額を抑えるためには支給限度額の範囲内でサービスを組みあわせる必要があります。

こうしたことをふまえ、**利用者1人ひとりが保険適用内で希望や状況に応じたサービスを受けられるよう、その指針としてケアプランは作成されている**のです。

利用者は、自分のケアプランに沿って各事業者から介護サービスを利用することになります。

先ほど、「ケアプランは自分でも作成できる」と言いました。

しかし、作成の際にはサービスの特徴やサービス事業者の情報、費用の計算方法などの知識が求められ、決して簡単ではありません。

やはり、**専門知識を持つケアマネージャーに作成を依頼するのが無難**です。

ケアマネージャーの介護保険上の正式名称は、「介護支援専門員」。高齢者本人や家族との面談を通して、希望や状況、課題などを把握したうえで、その人らしい生活を送るにはどんな支援が必要なのかを検討し、ケアプランの作成・提案を行います。

プランが決まった後には、サービス事業者との連絡・調整、サービス提供状況の評価、介護保険の給付管理などを通して、利用者の介護保険利用を支援します。**状態・状況などの変化に応じて、ケアプランの変更も提案・対応**します。

ケアマネージャーは、介護がはじまってからも何かと相談に乗ってくれるなど、親密かつ長い付き合いになる存在です。

利用者としてはよりよい関係を築くことが大切です。

といっても、「このケアマネージャーとは相性が合わない」と感じる場合もあり得ると思います。

人との相性は付き合ってみないことにはわからない面も多く、相性が合わない人がいても無理もないことだと思います。

相性が合わないのはコミュニケーション不足が原因の場合もあります。

ですから、今一度ケアマネージャーと話し合う場を設けたり、気になることがあれば率直に伝えて改善をうながしたりすることで、関係がうまくいきはじめるかもしれません。

それでも、**改善が図られない場合は、余計なストレスをため込んでしまう恐れがありますので、ケアマネージャーの変更を検討**するとよいでしょう。

ケアマネージャーを紹介してもらった市区町村や地域包括支援センターの担当窓口に相談すれば、新たなケアマネージャー探しの力になってくれます。

変更したからといって、地域包括支援センターの方が、あなたに対して嫌なイメージを持つということはありませんし、それによってサービスや対応が悪くなるという心配もありません。

逆に相性の悪いままケアしてもらうほうが、そのケアマネージャーにとってもストレスになるもの。

決して遠慮する必要はないのです。

ただし、**信頼関係の構築には時間が必要**なので、ちょっと気に食わないことがあっただけで、**次から次へとケアマネージャーを替えるのは、おすすめしません。**

お互いにコミュニケーションを取り合って、しばらくは信頼関係を構築することに尽力してみましょう。

いいケアプランにするためのたった1つのコツ

160ページで紹介したように、介護保険が適用されるサービスにはさまざまな種類・内容があります。

ケアマネージャーにケアプランの作成を依頼すると、**介護を受ける本人や家族の希望や意向をふまえたサービスの組み合わせを提案**してくれます。

なかには、「希望」といっても、「たくさんあって絞り込めない」「あらためて聞かれても、考えがまとまらない」という方もいらっしゃるでしょう。

そうした方には、まずは**自身のこれまでの生き方や暮らしを振り返ってみて、自分の好きなこと、苦手なこと、楽しいこと、やりたくないことなどを整理して書き出してみることをおすすめ**します。

そして、好きなことや楽しいことをできるだけ長く続けられるように、あるいは苦手なこと、やりたくないことを極力しないで暮らせるように、今の自分にできること、手助けが必要なことを検討してみてください。

例えば、次のような感じです。

お風呂が楽しみ。でも、自分ひとりで入浴することが難しくなってきた。
週2回は公園で季節の花々を撮影したい。そのためにも足腰を維持したい。
家に閉じこもるのは嫌だ。仲間を増やしてイキイキと過ごしたい。

そう考えていくと、訪問入浴、訪問リハビリテーション、通所介護など、自分に必要なサービスが見えやすくなると思います。

それらの費用を介護保険でどうまかなっていけばいいのかも含めて、ケアマネージャーに相談すると、自分に合うサービスが見つけやすくなるはずです。

要介護度が高い状況では、早々に必要なサービスを生活の中に組み込む必要があります。

しかし、**要支援や要介護度が低いうちには、ケアマネージャーに相談しながらいろいろと試してみて、自分に合うサービスを絞り込んでいく**といいでしょう。

前の項目で、ケアマネージャーの相性の話をしましたが、相談時にコミュニケーションがうまくとれるかどうかが、1つの大きなポイントになります。

老老介護ではいろいろな状況の変化が起こりやすく、現行のケアプランだと、少し不具合が生じるということも出てきます。

そのような場合に相談したときに、単純にこちらの意見を聞いたり、断ったりするだけではなく、きちっとプロの目線からアドバイスをしてくれる。そういう方が相性のいいケアマネージャーといえるでしょう。

いろいろなサービスを試すにもいくらかかるのか、気になった方もいらっしゃるかもしれません。

介護保険では介護保険の限度額内であれば(詳しくは261ページ参照)、1〜3割の自己負担額で介護サービスを利用できますので、例えば1割負担であれば、5000円のサービスを利用しても自己負担は500円で済みます。

「90%オフ」「80%オフ」というお得なクーポン券が支給されたようなもの。

そう考えれば、「まずは試してみよう」と思いやすいのではないでしょうか。

「要介護」と認定されなくても、支援は受けられる

「要介護」に認定された場合について見てきましたが、「要支援1・2」「自立（非該当）」と認定された場合にも、介護予防という点から利用できるサービスがあります。

「要支援1・2」の判定を受けた方は、介護保険が適用される介護予防サービスを利用することが可能です。

訪問型、通所型、入居型など、利用可能なサービスは幅広く、訪問介護や訪問入浴、訪問看護や訪問リハビリテーション、通所介護（デイサービス）、通所リハビリテーション（デイケア）、小規模多機能型居宅介護、短期入所生活介護（ショートステイ）、福祉

用具貸与などがあげられます。

「要支援1・2」のサービス利用者も、自己負担額はかかる費用の1～3割です。

介護予防サービスを利用する際には、地域包括支援センターで介護予防ケアプランを作成してもらいます。

「自立（非該当）」と判定された場合には、介護保険のサービスを受けることはできません。

しかし、**介護予防に向けて市区町村が実施している「介護予防・日常生活支援総合事業（以下、総合事業）」によるサービスを受けることが可能**です。

総合事業は、「一般介護予防事業」と「介護予防・生活支援サービス事業」に分けられ、利用対象者が異なります。

「一般介護予防事業」の対象は、65歳以上のすべての高齢者やその支援を行う人で、介護予防の講習会や体操教室、地域コミュニティなどが実施されています。

「介護予防・生活支援サービス事業」の対象は、要支援1・2の判定を受けた方、または「基本チェックリスト」で事業対象者と判断された方です。

「基本チェックリスト」とは、99ページに掲載した25項目の質問リストのことです。

総合事業を利用する場合、まず地域包括支援センターにて「基本チェックリスト」を使った心身の状況確認を受けます。

その結果をふまえ、事業対象者と判断された場合、「介護予防・生活支援サービス事業」の利用対象者となります。

「介護予防・生活支援サービス事業」の内容は地域によって異なります。

例えば、訪問サービスでは掃除・洗濯・調理・ゴミ出しなどの日常生活支援のほか、閉じこもり指導、口腔ケアなど、通所型サービスでは体操やレクリエーションなどがあげられます。

なかには、栄養改善を目的とした配食サービス、ボランティアによる見守りサービスなどを行っている市区町村もあります。

これらは**介護予防としてはもちろん、介護サービスを利用する「予行練習」として利用してみてもよい**と思います。

市区町村の担当職員やサービス事業者とのやりとりを経験することで、いざ介護サービスが必要になった際に対応しやすくなるでしょう。

チームワークを高めることが、よりよい介護を生み出す

第3章では、あなたの介護を強力に支えてくれる介護保険制度の仕組みや利用の仕方についてお伝えしてきました。

老老介護に直面する高齢者や家族を支えるべく、さまざまなプロフェッショナルが「仲間」となり、チームで支えてくれることを知っていただけたのではないでしょうか。

スポーツやビジネスの世界でも、医療や介護の現場でも、よりよい成果をあげるためには、チームワークが必要不可欠だといいます。

老老介護においても同じことがいえると、私は思っています。

私が訪問看護ステーションの管理者時代、私もよく知っている方の訪問介護を行っているスタッフから「利用者さんがなんでもかんでも命令してくる」「理不尽な態度で無理を強いてくる」といった相談を受ける機会が少なくありませんでした。

現状を把握し、状況改善を図るために、利用者さんやご家族と面談を行ったことも幾度となくありました。

訪問介護で行う日常生活の援助では、できること・できないことが法律上で定義されていて、例えば草むしりやペットの世話などは、やらなくても日常生活に支障が生じない行為ですからホームヘルパーに命じることはできません。

しかし、そうした範囲外の行為を強いる利用者さんも残念ながらいらっしゃるという話を聞いたことがあります。

また、たとえホームヘルパーの業務である生活援助に該当する行為であっても、「掃除しろ」「洗濯しろ」と命令口調で指示されたのでは、ホームヘルパーは訪問のたびにストレスを感じ、やがて訪問がつらくなり、担当を辞退してしまいかねません。

実際、こうした高圧的な態度をとる利用者さんに対して、継続的な支援が困難になってしまったケースがありました。

極端な例だと思われるかもしれませんが、決して珍しいことではなく、私は事業責任者としていくつもの事例を経験してきました。


大切なのは、パートナーや家族に対してはもちろん、自分たちの介護にかかわるすべての人に対して、お互いに信頼し合い、思いやることです。

そうすれば、とりわけ老老介護で課題になる状況や改善点などの情報共有がより円滑に進み、よりよい介護に結びつくことが期待できます。

それこそまさしくチームワークであり、支えあうということだと思います。

職員・スタッフの皆さんに対しては「チームの仲間」として接するように心掛け、よりよいチームをつくっていきましょう。

第4章

あなたの介護を助ける「仲間」はもっといる

介護保険制度を
利用することで出会う
ケアマネージャーなどの専門家たち。
そんな専門家たち以外にも、
あなたの介護をラクにするために
助けてくれるものはたくさんあります。
ここでは、その一部をご紹介します。

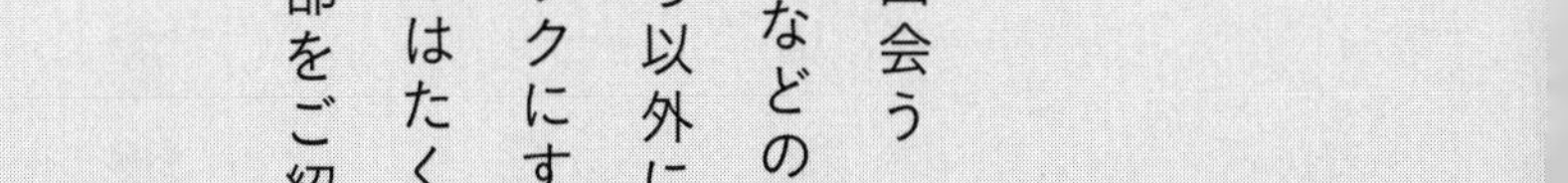

市区町村独自の生活支援サービスを利用しつくす

第3章では、あなたの介護を大きく助けてくれる介護保険について話しましたが、介護保険も万能ではありません。

家事の援助や外出の付き添いなどの対応はできません。

そこでそれを補うために、市区町村が独自に実施しているサービスがあります。

具体的に紹介していく前に、介護保険で利用できるサービスについて、整理していきましょう。

介護保険を使ったサービスでは、大きくわけて、食事・排泄・入浴介助などの「身体介護」と、掃除・洗濯・買い物といった日常生活を援助する「生活援助」の2種類を受けることができます。

ただし、利用範囲にはいくつかの制限があります。

まず、同居家族がいる場合には注意が必要なことがあります。

また、先ほどもちらっと説明したように、**「生活援助」は利用者本人の日常生活を支援することが目的のため、家族のための家事や、日常生活の範囲を越える援助などは「生活援助」に該当せず、ホームヘルパーに依頼することができない**ことになっています。

介護保険で利用できるサービスは次のようなものがあります。

生活援助

掃除、洗濯、衣類の整理、食事の用意・片づけ、生活用品の買い物、薬の受け取り

身体介護

食事介助、排泄介助、入浴介助、洗顔・洗髪介助、体位交換、通院の付き添い、移動の介助、就寝・起床の介助

一方、介護保険で利用できないサービスは次の通りです。

本人以外に対する介助

・来客にお茶を出す、食事を用意する
・家族のための洗濯や調理、買い物、掃除などの家事援助
・本人不在時の家事

日常生活の範囲外

・理美容院や冠婚葬祭、散歩、趣味などの外出介助

・生活用品や必需品以外の買い物
・ペットの世話
・草むしりや庭の掃除
・大掃除や床のワックスがけ、窓ガラス拭き
・正月や節句などの行事食の調理
・車の洗車や清掃

金銭管理・契約
・預貯金の引き出し
・現金やカード、通帳などの管理
・契約書の記入

冒頭で述べたように、市区町村が独自に行っている福祉・生活支援サービスを活用

すると、こうした介護保険外の一部の援助を受けられるようになります。介護する側の介護や家事の負担を少しでも抑えることができますので、試しに生活に取り入れてみてはいかがでしょうか。

市区町村単位で独自に実施しているため、市区町村によってサービスの種類や内容、利用条件等が異なります。利用料金も全額自己負担、または一部自己負担など、市区町村によってさまざまなので、詳しくは、市区町村の介護関連課や地域包括支援センターにご相談ください。

ここでは参考例として、市区町村独自の福祉・生活支援サービスにはどんなものがあるのかを一部紹介します。

「住んでいる地域で実施しているなら、利用してみたい」と、**気になるサービスがあれば、市区町村や地域包括支援センターにサービスの有無を問い合わせ、詳細を確認**してみてください。

家事援助サービス

調理や洗濯、掃除、買い物、外出の介助等の日常的な家事の援助を行います。

移送・送迎サービス

一般の交通機関の利用が難しい高齢者に向けて、専用車両による移送・送迎を行うサービスです。

配食サービス

昼食や夕食を定期的に自宅に届けてくれるサービスです。栄養バランスが考慮されており、1食あたり500円前後が目安です。

寝具の丸洗い・乾燥サービス

主に寝たきりの高齢者を対象に、年3～4回、担当者が自宅を訪れて寝具の回収・

丸洗い・乾燥・配送を行います。

おむつサービス

おむつを必要とする高齢者に対して、毎月1回自宅等に紙おむつを配送する現物支給、または紙おむつ購入費の助成を行います。

訪問理美容サービス

理美容店に行くことが難しい高齢者に対して、理美容師が自宅を訪問し、カットを行います。カット1回につき1000～3000円が目安です。

緊急通報システム

慢性疾患等によって日常的に目を離せない状態の場合、緊急時に消防署や警備会社等に通報できる機器の貸与サービスを行っています。

民間企業による「かゆいところに手が届く」介護保険外サービス

介護保険外のサービスを見渡してみると、市区町村のほかに、民間企業がさまざまなサービスを提供しています。

自費による利用になるため、予算との兼ね合いがありますが、「介護の仲間」に迎え入れると負担軽減につながります。

民間の介護保険外サービスでは、年齢や要介護度などの利用条件はほとんど設けていません。

なかには、サービス内容のアレンジにも気軽に応じてくれるほか、個別の希望や状況、予算などに応じて選べるといったサービスを展開している業者もあります。

民間企業が競うようにアイデアを注ぎ込んでいるため、家事代行や配食、訪問理美容、移送・送迎、見守りといった日常生活の援助もきめ細かく、また、旅行や化粧、フィットネス、カルチャー教室など、サービスの種類は多岐にわたります。

各種サービスを利用することで、**「できなくなったことを補ってもらえる」**のは**もちろん、サービスの利用やコミュニティへの参加を通して楽しみや喜びを味わうことで、生きる活力もみなぎってきます。**

また、それが介護予防や介護状態の改善にもつながってくるのです。

実際、美容のプロの方にキレイにお化粧してもらったことで、うきうきとした気分になり、外出したくなるなど、生活にハリが生まれるという声は少なくありません。

しかも、介護サービス事業には、不動産、保険、警備、教育など、多分野の企業が参入し、しのぎを削っていますから、サービスの質は向上の一途をたどっています。

例えば、スーパーマーケットによる宅配サービス、人気飲食店による配食サービス、旅行会社による旅行付き添いサービス、フィットネスチェーンによるシルバーフィットネスなど、それぞれが専門性を生かした高齢者向けサービスを開発、サービスに努めています。

利用する側からすると、サービスの選択肢が広がるのは喜ばしいことです。今後も充実が進み、自分たちに合った質の高いサービスをますます利用しやすくなるでしょう。

ただ、**全額自己負担になるため、介護保険や市区町村のサービスに比べて費用がかかってしまう**ことは否めません。

家計のやりくりと合わせて「自分たちにとって必要なサービス」を吟味し、取捨選択していくことが大切です。

介護保険外のサービス利用を検討する際も、地域包括支援センターやケアマネージャーに相談すれば、状況に応じたサービス選びを支援してくれるはずです。

ここで、便利なものの一例を紹介しておきますので、相談の参考にしてください。

便利屋サービス

家事代行やハウスクリーニング、家具の移動、電球の交換、片づけ、病院への付き添い、お話し相手など、どんなお困りごとにも対応しています。

会話型見守りサービス

担当者が高齢者に週何回か電話を入れてくれ、電話の内容を家族にメールでレポートするサービスです。
高齢者は話し相手がいることが楽しみになり、家族も安心です。

ケアタクシー

タクシー会社が運営する外出支援・付き添いサービスです。
高齢者の買い物や観光、お墓参りなどの外出にタクシードライバーが付き添い、サポートします。

配食サービス

普通食、低カロリー食、糖尿や腎臓病への対応食、咀嚼や嚥下が弱くなった人向けの介護食など、利用者の希望・状況に応じた食事や食品、料理キットを配達してくれるサービスです。

フットケア・爪切り出張サービス

厚くなった爪や巻き爪、タコやウオノメ、足のむくみや乾燥など、自力で歩き続けるために大切になるフットケアや爪切りを自宅に出張して行います。

「たかが爪」だと感じた方もいらっしゃるかもしれませんが、爪を軽んじるのは、危険です。

巻き爪が皮膚に食い込んでしまうと、痛みや炎症を引き起こし、歩行に悪影響を与えてしまいかねません。

転倒を防止するためにも、爪のケアはとても重要です。

メイクアップセラピー

専門技術を持つセラピストが自宅を訪問し、化粧や顔のマッサージなどを行う美容サービス。女性も男性も受けられ、心身をリフレッシュできます。

「いざとなれば介護施設に入所すればいい」が間違いな理由

老老介護について考え、あるいは、その状況に直面し、本書をお読みいただいている方は、住み慣れた自宅で暮らし続けたいとお考えの方が多いのではないかと想像しています。

その思いをできるだけ長く叶えられるように、さまざまな制度やサービスは、多岐にわたります。

しかし、**介護が深刻化しないように予防や負担の軽減に努めていたとしても、加齢や予期せぬ病気、怪我などによって在宅介護を続けることが難しくなる日が来る**ということも、目を背けずに考えておく必要があります。

「いざとなったときは、施設に入ればお世話をしてくれるでしょう」

そうお考えの方がいらっしゃるかもしれません。

実際、私が訪問看護を担っていたときにも、自宅で暮らす利用者さんからそうした言葉をよく耳にしました。

また、介護についてあまりよく考えていない人の中にも、そのような方が多いように感じています。

しかし、**「いざとなれば、どこかに入居すれば大丈夫」という考えは幻想**のようなものだと、私はあえて警鐘を鳴らしておきたいと思います。

その理由を説明するうえで、まずは介護施設の種類について説明しましょう。

介護施設と一口に言っても、公的施設から民間施設までさまざまな種類があり、種類によって次のページの表のように、サービスの内容や入居の条件、目的、費用などに違いがあります。

入居型介護施設の種類と入居条件

入居条件は、原則を表示していますが、特例入所などがありますので、詳しくは施設に問い合わせください。

(◎充実した対応 ○受け入れ可 △施設によって受け入れ可 ×受け入れ不可)

	種類	内容	入居条件				
			自立	要支援1〜2	要介護1〜2	要介護3〜5	認知症
公的施設	介護老人福祉施設(特別養護老人ホーム)	要介護3以上の方を対象とする施設。低価格でサービスを受けられ、看取りまで対応する。	×	×	×	◎	○
	介護老人保健施設	病気や怪我などで入院した高齢者が退院後の在宅復帰をめざして滞在し、リハビリを行う施設。	×	×	○	○	○
	介護医療院	医師や看護師が配置され、医療ケアを必要とする高齢者を受け入れる施設。	×	×	△	○	○
	軽費老人ホーム(ケアハウス)	経済的な負担を比較的抑えられる施設。単身の高齢者が中心。	○	○	△	△	△

	種類	内容	入居条件				
			自立	要支援1〜2	要介護1〜2	要介護3〜5	認知症
民間施設	介護付き有料老人ホーム	入居者の状態に合った介護サービスを定額で提供し、介護、看護、リハビリなどに幅広く対応。	△	△	○	◎	◎
	住宅型有料老人ホーム	居宅サービスを含め、複数の事業者からサービスを選択できる。利用サービスに応じた費用が発生。	△	○	◎	○	○
	サービス付き高齢者向け住宅	賃貸住宅として扱われる施設。生活の自由度が高く、食事提供や安否確認も受けられる。	○	◎	◎	○	○
	グループホーム	認知症の方が少人数のユニットで専門職員のケアを受け、共同生活を行う施設。	×	△※	○	○	◎

※原則要支援2から

出典：みんなの介護「老人ホームの種類一覧表」をもとに、編集部で改変

同じ公的施設の中でも、介護老人福祉施設、いわゆる特別養護老人ホーム（特養）は、常時介護を必要とする要介護3以上の方を入居対象とし、介護老人保健施設は、主に在宅介護への復帰をめざす方を対象としていますのでリハビリが充実しています。

また、人気のサ高住、いわゆる初期費用が比較的抑えられる「サービス付き高齢者向け住宅」は、「住宅」の扱いであり、自宅で暮らすような自由度やプライバシーが重視される一方で、生活援助などの介護サービスは限定的です。

こうした違いを把握できていないまま、すすめられるままに入所先を決めてしまうと、「いざ入所したらイメージと違った」「もっと生活援助を受けたかった」といった事態にもなりかねません。

決してどこかに入所できれば安心と安易に考えないでください。

入居する本人の要介護度や状態、費用などをふまえ、本人に適した施設の見極めはとても大事と心してください。

お金の現実とも向き合う必要があります。

施設に入居する場合、ケアハウスを除く公的施設には入居一時金がかかりませんが、民間施設の介護付き有料老人ホームや住宅型有料老人ホームにはまとまった入居一時金が必要となります。

さらに、**公民いずれの施設においても、入居後は利用料を月々支払う必要があります**（268ページ参照）。

公的施設は入居一時金がかからず、民間施設に比べて月額利用料も割安な場合が多いと聞かされると、「ならば、いずれは公的施設に入所しよう」と考える方が多いのではないでしょうか。

残念ながら現実はそう甘くはありません。

公的施設の中でも人気の高い特別養護老人ホームは、入所を申し込んでも「入所待ち」になることが多いのが現状です。

厚生労働省の「特別養護老人ホームの入所申込者の状況（令和4年度）」に関する調査結果を見ると、「特別養護老人ホームに入所を申し込んでいるものの、調査時点で入所していない人（要介護3以上）」は、全国で25万3000人にのぼっています。

この数字からも、**希望しても簡単に入所できるわけではない**ことがわかります。

じゃあ、お金を払って民間の施設に行くしかないと考える方もいらっしゃるかもしれませんが、**評判の施設は、満室で入れないという場合も少なくない**のです。

日々介護に追われ、今後のことを考える余裕なんてない、まだ先のことは考えたくない、という言い分も十分に理解できます。

しかし、被介護者が過ごすことになる施設は文字通り、終《つい》の住処《すみか》になる場所です。

施設入所についてもできるだけ早く検討をはじめたいものです。

もちろん、自分だけですべてを抱え込む必要はありません。

少しずつで構いませんから、家族や友人、ケアマネージャー、地域包括支援センターや市区町村の職員など、頼れる人に相談しながら、検討を進めていきましょう。

施設選びで間違えないための重要なポイントとは

前段でご説明しましたように、介護施設は種類によって利用対象や入居の目的、サービス内容、費用の目安などが異なります。

入居者本人の希望や要介護度、心身の状態、予算などと照らし合わせ、どの種類が合うのかを検討することからはじめてください。

「希望と言われても……」と戸惑ってしまうと悩まれる方は、**泊まりがけの旅行に出掛ける際にどこに宿泊するかを検討するときのことを頭に思い浮かべてみてください。**

モヤモヤがすっと引いたのではありませんか?

至れり尽くせりの設備とサービスを求めるなら、高級ホテル。

サービスは最小限にして費用を抑えるなら、ビジネスホテル。

他の宿泊客との交流も楽しみたいなら、民宿やホステル。


列記したように、滞在の目的や好み、設備、雰囲気、費用などのバランスを考えながら、数ある宿泊施設から予約先を絞り込んでいけますよね。

介護施設も同じような考え方で検討しはじめると、取りかかりやすいと思います。


サービスの手厚いところがいいなら、介護付き有料老人ホーム。

自由度の高さやプライバシーを重視するなら、サービス付き高齢者向け住宅。

月々の費用を安く抑え、高齢者の仲間たちと一緒に暮らしたいなら、公的施設のケアハウス。

もちろん介護施設を選ぶ際には、ホテル選びとは違って心身の状況や必要なサービスを最優先に考え、費用もシビアに見ていく必要があるでしょう。

介護施設は旅先の一泊ではなく、最期を迎える可能性のある場所。「余生をどう過ごしたいか」「どんな場所で最期を迎えたいか」という本人の思いや希望も同じくらい大切に考え、検討してほしいと思います。

施設の種類についてある程度検討できたなら、実際にその種類に属する施設を見学することをおすすめします。

体の具合や時間の都合などにもよりますので、無理は禁物ですが、**可能であれば、候補施設を3つは見学して比較検討**すると、より本人に合う施設を見つけやすいと思います。

特養、ケアハウス、グループホームを1つずつ見学するというよりも、特養を検討するなら特養の3施設を見学すると、違いがより明確に見えてくるはずです。

見学の際に意識して見ていただきたいのは、「人」「雰囲気」です。

施設の設備や部屋の内装、サービスの内容などは見学後にもパンフレットやホームページで確認できますが、入居者やスタッフの様子、雰囲気などは現地に赴いて初めて見えてくるものです。

現地見学は必須と考えていいでしょう。

共用部の様子を見学してみると、「1人で読書や書き物をしている人が多い」「複数の方々が集まって談笑したり、将棋を指したりしている」「スタッフ同士の会話や笑い声がよく聞こえる」など、観察してみると施設それぞれの特徴が見えてきます。

「1人で過ごす時間が好き」「少人数で和やかに過ごしたい」「いろんな人と触れ合い、ワイワイ過ごしたい」など、本人の人柄や心地よい過ごし方をふまえて、人や雰囲気との相性を確認するとよいでしょう。

高齢者だからこそ、友だちづくりが大切

訪問看護を担当した利用者さんに、こんな方がいらっしゃいました。

その方は一軒家にお住まいで、軒先が広く、高齢になってスペースをもてあましているとおっしゃっていました。

その方は将棋が大好きで、仲間と将棋盤で向かい合うことが楽しみで、それが生きがいにもなっていたようです。

そこで、その方は「軒先を将棋の好きな人が気軽に集まれる場にしよう」と。早速、介護保険の住宅改修の際に少し工夫して人とコミュニケーションがとれる素敵なスペースを完成させました。

「近所の仲間がいつも集まってくれて、気づいたら夕方なんていう日もあるんだ」と、イキイキとした笑顔で話してくれました。

その方流のデイサービスですよね。

皆さんは、どんなことに楽しさを感じられますか？

囲碁、将棋、カラオケ、ゲートボール、絵、楽器、手芸、映画、友達とのお茶など、どんなことでも結構ですので、ぜひ仲間と一緒に楽しむ時間をつくってみてください。

そのひとときが生きがいになり、「また一緒に楽しみたい」「次は何について話そうか」と、仲間の存在が毎日の励みになるはずです。

ともに生きがいを与え、助け合える仲間は、とても貴重です。

とかく**自分たちだけの世界に閉ざされかねない老老介護では、「仲間」の存在は、困難を打開するカギ**となります。

スマートフォンは、若者ではなく、高齢者のためのアイテム

日本国内で携帯電話を所有する人のうち、スマートフォンの所有率は9割を超えています。

その一方で、高齢者の所有・利用は他の世代に比べるとまだまだ限定的です。

スマートフォンに対して、「自分の生活には必要ない」「使い方がよくわからず、不安がある」と感じている高齢者の方々が少なくないようです。

しかし、私は「高齢者にこそスマートフォンを使ってほしい」と思っていますし、**スマートフォンは、画面を押すだけで簡単に直感的に操作できるので、高齢者向けの商品**だと思っています。

何より、高齢者の生活や介護の強い味方になってくれるからです。

スマートフォンのアプリ（いろいろな機能を使えるようにするプログラム）を使えば、**メールやメッセージを簡単にやりとりでき、お互いの顔を見ながら話せるビデオ電話も無料で利用**できます。

血圧記録や万歩計機能などは毎日の健康管理に役立ち、薬の飲み忘れをアラートで知らせてくれる服薬管理アプリもとても重宝します。

家族と写真を共有し、遠方に住むお孫さんの写真を見られるようにすれば、その成長ぶりを楽しめますし、そうした交流が生きがいになることでしょう。

そのほか、スマートフォンのカメラに写った文字を読み上げてくれるアプリ、位置情報を使って認知症の方の行動を把握できる見守りアプリなど、高齢者や介護する人を手助けしてくれる機能・アプリが充実しています。

64ページでは、「挑戦してみる」ことの大切さをお伝えしました。スマートフォンの活用も、使ったことのない方にとっては挑戦とチャレンジしてみてください。

決して臆することはありません。

携帯電話会社各社が「スマートフォン教室」を街なかの携帯ショップで実施しており、スマートフォンの基本操作や通話・メールの使い方、アプリの利用方法、カメラの使い方、キャッシュレスの使い方などをわかりやすく教えてくれます。

国としても高齢者のスマートフォン利用を後押しし、事実、総務省はスマートフォンを使って簡単に受けられる行政サービスについて、全国の携帯ショップにて無料で講座を実施しています。

これらの**スマートフォン講座は、スマートフォンを所有していなくても受講することができます。**

各携帯ショップに相談してみて、講座に参加してみてはいかがでしょうか。「案外簡単なんだ」「とっても便利」と感じていただき、スマートフォンを活用することで、生活や介護によりよい変化が訪れることを願っています。

介護に役立つおすすめの無料アプリ5選

さて、ここでぜひ、スマートフォンにダウンロードしてもらいたいアプリを紹介したいと思います。

すでにスマートフォンをお持ちの方は、「App Store」や「Google Play」などで検索して、ダウンロードしてみてください。

まだお持ちでない方は、なんの話だろうと思われたかもしれませんが、スマートフォンを使うことで、次のようなことができるようになるということです。

スマートフォンでどんなことができるか想像しやすくなると思います。ぜひ飛ばさず読んでみてください。

Seeing AI（シーイングAI）

視覚が衰えた方をサポートしてくれる無料アプリです。

短い文や長い文章、製品情報、人物、周辺の様子などをスマートフォンのカメラに写すだけで、音声で読み上げたり、人物や周辺の状況を説明したりしてくれます。

血圧ノート

シンプルで使いやすい血圧記録アプリ。計測した血圧を入力すれば、グラフ上で推移を確認することができます。

体重や体温、睡眠時間などの管理も可能です。

お薬手帳プラス

「お薬手帳」代わりに利用できるアプリ。飲み忘れ防止アラームや残薬管理機能、通院記録や服薬記録を管理できるカレンダー機能など、薬に関する機能が充実。

Digi Police(デジポリス)

警視庁による防犯アプリ。あらかじめ登録したエリアの犯罪発生状況の表示や、防犯ブザー機能、予期せぬことが起こった際に登録した人に現在地やメッセージを通知できる「ココ通知機能」などを利用できます。

みてね

子どもの写真・動画を無料・制限なしで共有できる家族アルバムアプリ。お孫さんの日々の成長を見守ることができ、コメントのやりとりも可能です。

介護をかたって近づいてくる「悪い仲間」には要注意

残念ながら、老老介護をしている方たちに寄ってくるのは、いい仲間ばかりではありません。

高齢者をターゲットにした特殊詐欺被害が、後を絶ちません。

警察庁の「特殊詐欺認知・検挙状況等（令和4年・確定値）」によると、令和4年の特殊詐欺の認知件数は1万7570件で、前年に比べて21・2％増加しています。

そのうち、65歳以上の高齢者被害の認知件数は1万5114件におよび、法人被害を除いた総認知件数の86・6％を占めています。

オレオレ詐欺や架空料金請求詐欺などの特殊詐欺の手口は、テレビや新聞の報道で見聞きする機会が多いこともあって、ご存じの方も多いと思います。

それらに加えて、「介護の仲間」を装って巧妙に高齢者に近づく手口が頻発していますので、注意が必要です。

例えば、**「老人ホームの入居権を譲ってほしい」という詐欺電話。**

「あなたには、新しい老人ホームに優先的に入居できる権利があります。入居の予定がなければ、名義を貸してほしい」と言って、ありもしない入居権を持ち掛け、後日「あなたの名義で申し込むので、一度お金を支払ってほしい」などと、言葉巧みに金銭を要求してきます。

さらに、**介護保険のサービス事業者や市区町村の職員を名乗り、介護保険の保険料や給付金を扱う詐欺行為も発生**しています。

「介護保険料の集金に来た」「介護保険料の口座振替を代行するので、通帳と印鑑を預けて」と言って現金をだまし取る詐欺です。

また、住宅改修の介護保険給付金を狙った悪質な住宅改修業者も、摘発された事例があります。

高齢者宅を訪れ、要介護認定がまだであれば申請手続きから代行し、不要な手すりを強引に設置して市区町村から給付金をだまし取るという手口です。

もちろん、すべての会社さんが悪質というわけではありませんが、**突然、訪問営業をかけてくる住宅改修業者は、避けるほうが無難**です。

詐欺被害を防ぐ対策としては、電話の留守番電話機能や発信者番号表示機能を利用し、心当たりのない番号や番号非通知の電話には出ないように、設定しておきましょう。

万一不審な電話に出て話を聞いてしまった場合も、金銭や個人情報の要求には応えず、警察や家族、友人に相談するようにしてください。

約束もなしに突然、押しかけてきて金銭や契約を持ちかけてくる詐欺事件も報告されています。

言葉巧みに金銭の支払いや書類への署名・捺印を求めてきますが、どんな事情があれ、その場で捺印も署名も行ってはいけません。

市区町村の職員を名乗った場合には、氏名と連絡先を聞き、役所の担当窓口に確認、相談するようにしましょう。

第5章

認知症になった家族との向き合い方

認知症の方を今、
一生懸命に介護している方も
いらっしゃると思います。
自分がなったらどうしようか。
そう不安がっている方も
いらっしゃると思います。
そのような方の
介護と心が少しでもラクになれば。
そう思い、私ができる限りの
アドバイスをまとめました。

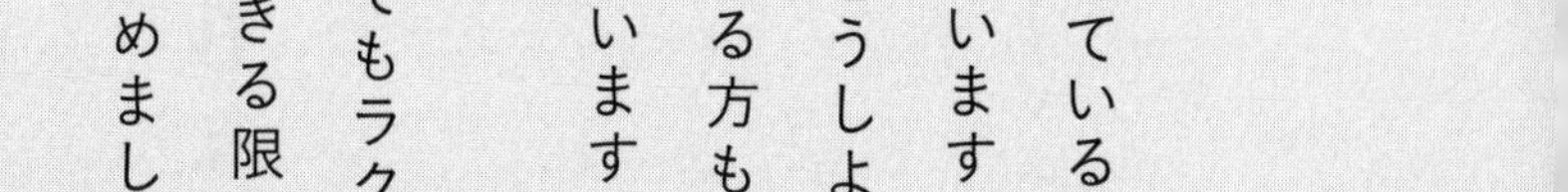

認知症を、過度に恐れなくなるために

自分やパートナーが認知症になったら暮らしはどうなるのだろう。

そう不安に感じている方は少なくないでしょう。

認知症の気配があるから病院に行こうといったのに、「俺は認知症じゃない」と言われて怒られた。このままでいいのか心配……。

そんな悩みを抱えている方もいらっしゃるのかもしれません。

今まさに、認知症の方を在宅で介護しているという方も、多くいらっしゃることと思います。

これまで多くの認知症の方の介護に接し、さまざまな現場に遭遇しました。荒れ果てた自宅の様子や昼夜逆転で疲弊された家族の姿など、心痛むような光景を目の当たりにしたこともあります。

その一方で、「認知症を過度に恐れることはないんだ」と感じた経験もあります。私が2015年に立ち上げた日本男性看護師会の活動で「新しい医療のかたち賞」という賞をいただきました。

その際、同じく受賞された「一般社団法人　日本認知症本人ワーキンググループ」の皆さんと受賞記念講演でお会いする機会に恵まれました。

同グループは、認知症になった当事者の皆さん自身が立ち上げ、希望と尊厳を持って暮らせる地域社会をつくっていくためにさまざまな活動を行っています。

代表者の方は講演の壇上にて「認知症の私たちは、こうして仲間と集まり、協力し、創意工夫をすることで、生きることを楽しんでいます。一歩先に認知症になった私たちが、認知症の先輩として自分たちの経験を発信し、認知症になっても暮らしやすい社会をつくっていきたい」と、イキイキとした表情でお話しされました。

当時の私は、認知症に対してネガティブなイメージばかりを抱いていましたので、認知症当事者の方々の希望のある言葉1つひとつにはっとさせられたときの衝撃を今でも鮮明に覚えています。

本人や介護者の気持ちの持ちようや対応の仕方、地域との連携、専門家による支援などによって、希望と尊厳のある暮らしを続けられると考えるきっかけをいただきました。

そうは言っても、認知症や介護する方には不安や心配が尽きないこともよく理解しています。

認知症の症状が進行すると、**本人の心身に負担がかかるだけでなく、介護する人にも疲労が蓄積し、十分なケアが行き届かない状態になりかねません。**

そうなると、症状の悪化が進み、介護を行うことがますます困難になるという悪循環に陥ってしまいます。

そうした悪循環を断ち切るためにも、そして、認知症の方と介護する方が希望と尊厳を持てるようになるためにも、**気になる兆候が見られたら早めに専門医に受診し、専門家や地域の力を借りるのが賢明**です。

そこで本章では、認知症介護のポイントについてお伝えします。

「認知症とは?」を理解することが、向き合うための第一歩

そもそも認知症とはどういうものなのでしょうか。

「恐怖は常に無知から生じる」。アメリカの思想家であるラルフ・ワルド・エマーソンの言葉だそうです。

人は、知らないものに対して、必要以上に恐怖や不安を覚えます。

逆に、そのものに対する情報があればあるほど、冷静になることができます。

そこで、まずは認知症がどういうものなのか、しっかりと理解することからはじめたいと思います。

認知症とは、脳の変化によってさまざまな障害が起こり、日常生活に支障をきたす「状態」をさします。

認知症を引き起こす病気としてアルツハイマー病が広く知られていますが、他にもさまざまな病気が認知症の原因になることが認められています。

脳に障害が起こることによって、**「記憶力が低下する」「言葉が出てこない」「時間や場所の感覚がはっきりしない」「物事の理解に時間がかかるようになり、適切な判断を下せない」といった症状**が現れます。

これを中核症状といいます。

これらの症状によって周辺で起こっていることを認識しにくくなり、**妄想や幻覚、うつ状態、興奮などが顕著《けんちょ》な症状**です。

これを周辺症状といいます。

認知症を引き起こす病気のタイプで、こうした症状の特徴や現れ方が異なります。ここでは症例数の多い4つのタイプについて見ておきましょう。

アルツハイマー型認知症

認知症の中で最も多いのは、「アルツハイマー型認知症」です。物忘れが目立つ記憶低下の症状からはじまり、**日時の感覚がなくなったり、複雑な段取りの作業ができなくなったりします。**

さらに症状が進むと、脳の萎縮が身体機能にも影響を及ぼし、**歩行困難な状態に陥ることがあります。**

血管性認知症

動脈硬化などで血管が詰まり、脳の血流が足りなくなることで発症する場合が多いのが、「血管性認知症」です。

脳出血が原因になる場合もあれば、**脳卒中の発作を繰り返すことで認知機能が徐々に低下していく場合もある**といわれています。

脳のどの部位に障害が起こるのかによって症状が異なり、**主な症状は歩行障害やしびれ、排泄障害、言語障害、せん妄など**です。

レビー小体型認知症

アルツハイマー型認知症とパーキンソン病に似た症状が現れるのが、「レビー小体型認知症」です。

脳にレビー小体という異常構造物が出現し、脳の神経細胞が減っていくことで発症します。

実際にはない物が見える幻視や、違う物に見える錯視の症状が現れます。**眠ったまま夜中に歩き回る睡眠行動障害や大声での寝言、錯乱・興奮などが生じる**ことも特徴です。

パーキンソン病に似た症状としては、体のふるえや筋肉のこわばり、動作の鈍り、歩行の不安定などが現れます。

前頭側頭型認知症

脳の前頭葉や側頭葉のいずれかが萎縮《いしゅく》しはじめることで発症するのが、「前頭側頭型認知症」です。

側頭葉が萎縮すると、普段から使っている言葉の意味や知人の顔を判別できなくなります。

前頭葉が萎縮すると、**欲求を抑えられなくなり、お店の商品を勝手に持ち出したり、信号無視を繰り返したりする傾向**があります。

どちらの萎縮にも共通して同じ行動を繰り返す症状が現れ、**甘い物を過剰に食べたり、同じ料理をあるだけ食べ続けたり**します。

「よく見ること」から認知症対策がはじまっていく

認知症を引き起こす病気については、いまだに解明されていないことが多く、残念ながら根本的な治療法がないのが現状です。

しかし、**アルツハイマー型認知症であれば、早期から薬物療法を行っていけば、症状の進行を抑制することが可能**です。

初期段階から精神療法や作業療法、音楽療法などのリハビリテーションを行うことも、認知症の症状緩和を期待できるという話も聞きます。

逆に、対応が遅れてしまうと、どうなるのでしょうか。
物を置いた場所を忘れる、人の名前が出にくくなるなど、本人が「何だか変だ」と感じることがあっても、**医療機関に受診しなければ認知症とは判断がつかず、自分の変化に戸惑いながらも症状ばかりが進行してしまう**という状況が考えられます。
そうなると、パートナーや家族の対応も後手に回ってしまい、初期段階のうちに適切な支援を受けることができなくなります。

症状が軽い初期状態に受診し、認知症の症状を早期発見できれば、進行を抑える手立てを講じられるとともに、本人を交えてパートナーや家族が今後の生活について相談し、介護への対応を進めることができます。

早いうちから医療機関や地域の窓口に対応を相談し、状況に応じたケアや介護サービスの利用を取り入れることで、認知症介護の負担を軽減できることも十分考えられます。

ですから、まずは相手のことをよく見て、変化に気づくこと。

112ページにあるような認知症の簡易的な診断もぜひ利用してください。

「認知症の気配があれば、ためらわずに受診・相談し、早期発見・早期対応につなげる」ことが、とても重要になるのです。

認知症に対して考えたくないし、もしなっていたらと思うと怖くてしかたない。その気持ちはとてもよくわかります。

ですが、**避けていたからといって残念ながら状況が変わるわけではありません。**

むしろ、受診、相談することで、未来は好転するのです。

また、定期的に調べることで、勘違いだった場合は安心できるはずです。

認知症の家族とストレスなく向き合うための3つのポイント

認知症の方を介護していると、**思いもよらない言葉や行動に悩まされ、介護者がついイライラしてしまう**ことがあります。

感情をぶつけてくる本人に対して、きつい言葉で応酬してしまう自分が嫌になる。そうした悩みを抱く方々にも、私はこれまで少なからず相談に応じてきました。

では、認知症の人を介護する際には、どのような接し方が効果的なのでしょうか。

認知症の症状や進行状況、性格、好き嫌いなどが1人ひとり異なり、それによって配慮の仕方も異なりますので、こうすればいいという答えはありません。

しかし、私たち介護職が現場で心掛けていることがありますので、参考にして、できるだけ本人と介護する人双方のストレスを軽減してほしいと思います。

妄想や失敗を否定せず、共感する

認知症の記憶障害によって、本人が物をどこに置いたのかを忘れてしまい、やがて「物がないのは盗まれたからだ」と妄想するケースは珍しくありません。

「あのヘルパーが悪口を言っていた」「俺にだけ食べ物を与えてくれない」と、**根も葉もない被害妄想にとらわれている**方もいらっしゃいました。

また、同じ話を何回も繰り返すこともあります。

そうした際、**「誰も盗っていない」「悪口なんて言っていない」「その話、何回も聞いたよ」と、頭ごなしに否定してしまうと、本人の感情を余計に逆撫《さかな》でする**ことになりかねません。

「それは大変だ、一緒に物を探そう」「それはつらかったね」「そんなことがあったんだ」と、**相手の気持ちを尊重し、受けとめ、共感することを意識**してみてください。

そうすることで、本人の精神状態が安定することが期待できます。


相手を尊重したり、**共感したりするときは、「○○さんは、そう感じたんですね」主語に相手の名前をしっかりつけることを忘れないでください。**

そうすることで、「あなただってそう言ったじゃない」と言われたときに、「あなたがそう感じたと言ったけど、自分もそうだとは言ってない」と反論ができます。


また、自分の気持ちを押し殺して意見を述べているという感情が薄まることで、会話でのストレスが溜まりにくくなります。

相手の気持ちと自分の気持ちのバランスがとりやすくなるのです。

◎「おだやかに、ゆっくり」を意識する

認知症では、脳に障害が起こり、聴力や視力の低下を引き起こすことがあります。注意力や判断力が鈍るというのも症状の1つに数えていいでしょう。

そういった症状が現れると**周りの状況を把握したり、相手の話を聞いて理解したりすることが難しくなってしまいます。**

私が認知症の方に話しかける際には、**できるだけゆっくりとした口調で、わかりやすい言葉で簡潔に伝える**ことを心掛けています。

逆にイライラして早口になったり、相手の質問を遮って強引にまとめようとしたりすると、本人もイライラし、介護でとても大切になる相互の信頼関係が損なわれてしまいますから注意が必要です。

原因や理由を考える

認知症が進んでいくと、介護職の私たちが食事や排泄、入浴の介助をしようとしても、本人が拒絶してしまうことがあります。

しかし、拒否されたからといって放っておいたのでは、本人の体調を悪化させ、介護の負担がますます大きくなってしまいかねません。

だからといって無理強いしようとすると、本人が反発を強める恐れがあり、慎重に対応しなければなりません。

拒否するのには、何らかの原因や理由があるはずです。

時間の感覚がなくなってしまい、食事をとらなくてもいいと判断していた。

音に敏感になって、それまでは大好きだった孫たちの声もわずらわしくなった。

例えばこのように、原因や理由を考え、本人の意向やペースを尊重しながら、食事や入浴、着替えなどをうながしていくとよいでしょう。

認知症介護を支える「仲間」を遠慮なく頼る

認知症の方を在宅で介護する場合、「夫が認知症だと、誰にも知られたくない」「自分がやらないといけない」と、1人で抱え込んでしまうのは危険です。

認知症介護による疲れやストレスは想像以上に重くのしかかり、とりわけ老老介護の状況では共倒れのリスクが高まってしまいます。

介護保険内外の居宅サービスや市区町村による支援、見守りシステムなどを積極的に利用し、**認知症の介護による疲れやストレスを少しでもやわらげる**ことを考えましょう。

例えば、認知症介護を支えてくれる、次のような「仲間」がいます。
ぜひ、積極的に頼ってみてください。

地域包括支援センター

第2章で詳しくお伝えした地域包括支援センターが、認知症についても強い味方になってくれます。

同センターでは、認知症に関するさまざまな悩みや相談に、電話や対面で応じ、認知症の専門医療を提供する「認知症疾患医療センター」や、専門医・保健師などがチームを組み、速やかに適切な医療・介護を受けられるように支援する「認知症初期集中支援チーム」などと連携しながら、**認知症の初期段階から継続して支援してくれます。**

医療・介護との連携を担う同センターに相談することで、**医療と早期につながることができ、早期発見・早期対応に結びつけやすくなるので積極的に利用**したいところです。

認知症疾患医療センター

認知症に関する医療相談や診断、症状への対応を行う認知症専門の医療機関です。

都道府県や政令指定都市が指定する病院に設置され、地域のかかりつけ医や介護・福祉施設、地域包括支援センター等と連携し、認知症の本人とその家族を支援してくれるほか、専門医や臨床心理技術者、精神保健福祉士、保健師、看護師などの専門家が配置され、他病院と連携してＣＴやＭＲＩなどの検査体制や入院体制も整えてくれます。

受診を希望される際には、かかりつけ医に紹介してもらうか、地域包括支援センターに相談するのがよいでしょう。

介護サービス

在宅介護を行う場合には、160ページにあげた居宅サービスや地域密着型サービスを利用することで、認知症介護の負担を軽減できます。

認知症が進行すると、昼夜関係なく目が離せなくなり、徘徊の恐れも生じます。そこで**利用を検討したいのが、地域密着型サービスの「定期巡回・随時対応型訪問介護看護」や、「夜間対応型訪問看護」というサービス**です。

また、「小規模多機能型居宅介護」では、本人や家族の状況に応じて訪問、通所（デイサービス）、泊まり（ショートステイ）のサービスを柔軟に組み合わせて利用でき、訪問も通所も同じスタッフが対応します。

認知症の方は慣れない人や環境に過敏に反応することがありますので、**「いつもの顔ぶれ」だと安心して利用できるというメリットもあります。**

見守りサービス

市区町村のなかには**民生委員や地域ボランティアが定期的に高齢者宅を訪問し、安否確認見守り支援を行っているところがありますので、**市区町村や地域包括支援センターに確認しておくとよいでしょう。

また、高齢者宅に配食サービスや宅配サービスを行っている**民間企業の多くが、食事や食品、生活雑貨などを高齢者宅に届けるために訪問した際に、安否確認も併せて行っています。**

業者選びの際にはその点も確認したいところです。

徘徊から戻らず行方不明になったり、交通事故に巻き込まれえてしまったり、対応が遅れてしまうと惨事を招くことがあります。

徘徊の恐れがある場合には、GPSを使った見守りシステムの活用が有効です。

GPS端末を本人の衣服や靴などに装着しておくことで、気づかないうちに徘徊してしまったときにも居場所を特定することが可能ですので早めに手を打っておきましょう。

●認知症カフェ

認知症の人やその家族、地域住民、介護・福祉・医療の専門家などが気軽に集い、自由に交流できるのが「認知症カフェ」です。

地域によっては「オレンジカフェ」「ふれあいカフェ」とも呼ばれています。

認知症の当事者や家族が症状や介護について情報交換を行ったり、介護する人同士が相談・共感し合うことでストレス解消につながったりすると好評です。専門家による講演会やワークショップ、レクリエーションを開催することもあります。

自宅に閉じこもって孤立するのではなく、**さまざまな境遇や立場の人たちと連携・交流することで、介護状況を改善するヒントを見つけられることも期待**できます。

認知症カフェは、社会福祉法人や市区町村、NPO法人、家族の会などによって全国各地で運営され、週1回や月1回のペースで開かれています。

地域包括支援センターや市区町村の介護関連課に問い合わせると、最寄りの認知症カフェを教えてくれるはずです。

施設に入れることは、見捨てることではない

徐々に症状が悪化していくにしたがって、夜中に起こされることが増え、睡眠不足から体調を崩される介護者もいらっしゃいます。

徘徊癖があるために、目が離せずに、四六時中そばにいなくてはならず、一日中気を張っていなくてはならないという方もいます。

また、本人とコミュニケーションを取ることが難しくなり、認知症のパートナーや親から暴言を投げかけられることもあります。

「いつも介護しているのに……」

「あんなにやさしかったのに……」と、ショックとストレスが募るなど、体にも悪影響を及ぼしかねません。

とりわけ認知症介護では、介護者の心身のケアがとても大事になります。

例えば、**本人のリハビリを兼ねて通所介護（デイサービス）の施設に本人をお預けし、介護から離れる時間をつくってリフレッシュする**という方法もあります。

介護施設へ短期間宿泊する短期入所（ショートステイ）は、最長30日間まで連続して利用でき、まとまった期間中、背負い込んだ介護の負担を軽減することができます。

こうした介護する側に休息やリフレッシュを提供することを「レスパイトケア」と呼び、特に認知症介護の当事者の皆さんに活用をおすすめしています。

再三お伝えしていますが、老老介護では共倒れに陥る危険性が高く、リフレッシュを取り入れているからといって、無理は禁物です。

在宅介護がつらくなりはじめたら、無理が蓄積しないうちに施設への入所を検討することも選択肢の1つです。

私が介護にあたった利用者さんのなかには、ご近所づきあいが多い地域にお住まいの方がいらっしゃって、「認知症になった自分の姿をご近所に見られたくない」と、早々に施設への入所を決められたこともありました。

本人と家族の意向はさまざまですから、そうした考えもあってしかりです。

認知症の方を受け入れている介護施設は多く、主な施設として特別養護老人ホーム、介護付き有料老人ホーム、グループホーム（201ページ参照）があげられます。

それぞれ、居室単位で生活する「個室」、グループホームに代表されるグループ生活を送る「ユニット型個室」、1つの部屋で4人が生活する「多床室」など、施設によって居室のタイプが異なります。

かかりつけ医や専門医、ケアマネージャー、家族などに相談し、本人の希望や症状などをふまえて選ぶとよいでしょう。

「施設に入れるのはかわいそう」「家族を見捨てた感じがする」とためらう方も少なくないと思います。

ですが、**言葉にはできなくても、相手も「あなたに過剰な苦労をかけたくない」「苦しんでいる顔を見たくない」と本来なら思うはず**です。

どうか、あなたが心身を壊して、「共倒れ」にならないように、うまく施設を利用する道も考えてみてください。

第6章

介護にかかる「お金」の不安を取り除く

介護保険による補助があるとはいえ、
介護には、何かとお金がかかります。
だからといって、「お金」を「苦労」で
肩代わりするのはよくありません。
まずは、今後の費用感をイメージし、
対策を立てていくことが大切です。

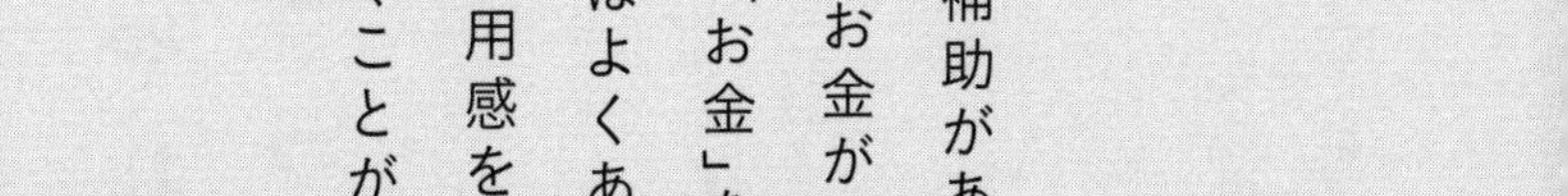

「やりたいこと」に「やれること」を重ね合わせるマネープラン

介護はいつまで続くのかを見通せません。

そのことから「一体どれくらいのお金がかかるのだろう」「自分たちの年金と貯蓄だけでこの先やっていけるのだろうか」と、お金に関する不安や心配に苛まれている方は少なくないでしょう。

公益財団法人生命保険文化センターの「2021年度生命保険に関する全国実態調査」によると、**老後の生活資金をまかなうための現在の資金準備について、「不安」（「不安」「少し不安である」「非常に不安である」の合計）と答えた人は68・5%**にのぼります。

確かに介護を考える際、お金が心配の種になることはよくわかります。

しかし、「お金がかかるから、ヘルパーさんに来てもらうのはやめよう」と、**お金のことを優先して介護サービスの利用をストップしてしまうと、介護者や家族の心身への負担が増え、状況の悪化が進んでしまいかねません。**

結果的に、余計にお金がかかってしまうことだって考えられるのです。

そうならないためにも、介護保険制度という社会全体で支える仕組みがあるのですから、制度を活用することによって**「お金をかけるところにはかける」ことが大切**になるのです。

何にどうお金をかけるかを考える際には、こう考えてみてはいかがでしょうか。

すでに第2章でも提案したように、**やりたいことや叶えたい暮らしを考え、自由にあげてみてください。**

ちょっとしたこと、日常的なことで構いません。

一方で、そのための資金となる年金や貯蓄には限りがありますから、すべてを叶えられるわけではないのも現実です。

そのため、**次に自分たちの年金と貯蓄で現実的にやれること、叶えられることについて考えてみてください。**

「やりたいこと」に「やれること」を重ね合わせるような感覚です。

スマートフォンを使って、小学生の孫とつながりたい。

⇒夫婦で格安スマホを利用すればやりくりできそうだ。

足が弱くなっても、お出かけを楽しみたい。

⇒自治体のタクシー券を使えば、月1回はタクシーを利用できる。

栄養バランスのいい食事を続け、健康を維持したい。
⇒1食500円の配食サービスなら、負担なくはじめられそうだ。

いかがでしょうか。


贅沢をしなくても、2つの世界を重ね合わせることができるはずです。

その**重なる部分がたくさんあればあるほど、暮らしの楽しみが広がっていく**と思いませんか？

介護保険にはさまざまなサービスや支援のメニューがあり、本人次第で自由に選び、組み合わせることができます。

他の社会保障制度と比べても、自由度が高い仕組みになっていますので、ぜひ積極的に活用してください。

老老介護の当事者の皆さんには、さまざまな経済的な事情があると思います。

その現実を受けとめながらも、**介護保険の給付や国・市区町村の補助金、金融サービスなどを自分たちの事情に合わせてフル活用**し、やりたいこと、やれることをできるだけ多くやれる介護生活に役立ててほしいものです。

本章では、その一助となれるように、老後の収支バランスを見直すための介護費用や年金に関する知識、知っておくと役立つお金の制度・サービスについて解説していきます。

取り入れられそうなことから早めに、随時着手していただけると幸いです。

5年間で、介護のお金はこれぐらいかかる！

お金について考えるときには、どうしても、収入と支出を把握し、バランスの改善を考えることは避けられません。

それは、老老介護においても同じことです。

ですが、ここでは、家計簿をつけて、どれぐらいかかっているかを見直しましょうという話はしません。

介護で忙しいなか、それをし続けることはなかなか難しいと思うのと、**介護にかかる費用というのが、やはり支出の大きな部分を占める**からです。

なので、ポイントをしぼってお話をしていきたいと思います。

収入については、年金や資産の活用などについて知識をつけ、少しでも増えるように手を打つことが大事です。

支出については、**生活費を見直すことに加え、介護保険や国・市区町村の支援制度などを活用することで抑えることが可能**です。

まずは気になる介護費用の支出から見ていきましょう。

老老介護に多い在宅介護にはいくらかかるのでしょうか。

第3章でお伝えしたように、介護保険を利用すれば1~3割の自己負担で介護サービスを受けることができます。

ただし、要介護度ごとに支給限度額が決まっており、限度額を超えた分は全額自己負担になります。

地域によって多少増減しますが、大まかな目安は次ページの表のとおりです。

介護保険で支給される額はいくら?

制度上、地域によって限度額が多少増減する仕組みになっていますが、目安となる金額は以下のとおりです。

	介護度	1カ月あたりの支給限度額
要支援	1	50,320円
	2	105,310円
要介護	1	167,650円
	2	197,050円
	3	270,480円
	4	309,380円
	5	362,170円

例えば、要介護2の認定を受けた方は、月々合計19万7050円までの介護サービスを自己負担1~3割で利用できます。

それを限度額いっぱいに利用すると、1割負担の場合は1万9705円が月々の自己負担額になるということです。

介護費用として月々5万円の確保を

ただし、この金額には、おむつや介護食、清拭・入浴用品などの介護関連用品の購入費、医療費、通院のための交通費などは含まれません。

公益財団法人生命保険文化センターの同調査によると、これらを含む在宅介護に要した月々の費用は、**1カ月あたり平均4・8万円と算出**されています。

平均値ではありますが、大よそ5万円と考えておけばよいでしょうか。

介護の月々の費用はこれだけかかる

平均は、在宅介護月4.8万円、施設介護月12.2万円。いずれも介護保険の給付分を差し引いた自己負担額です。

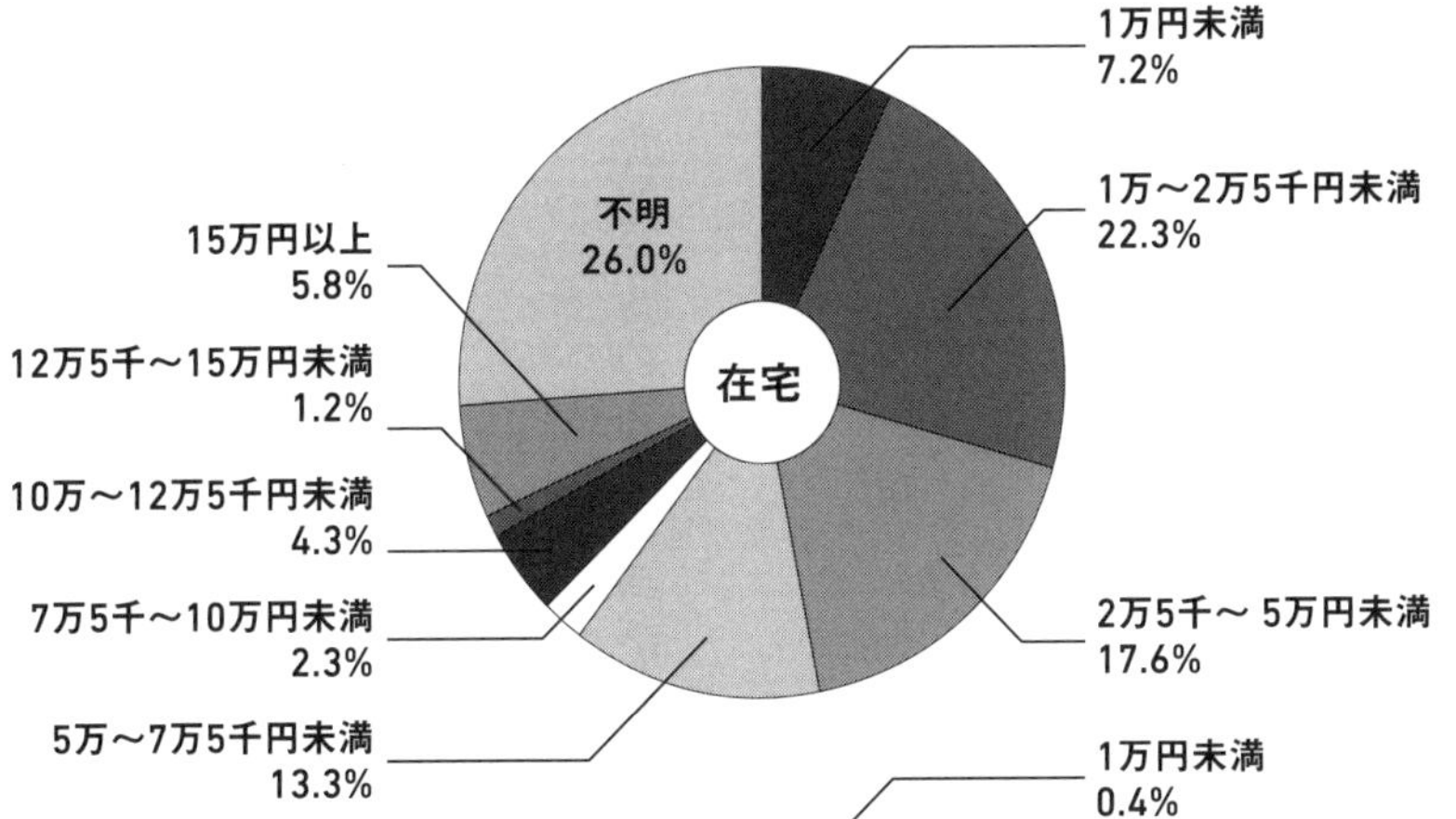

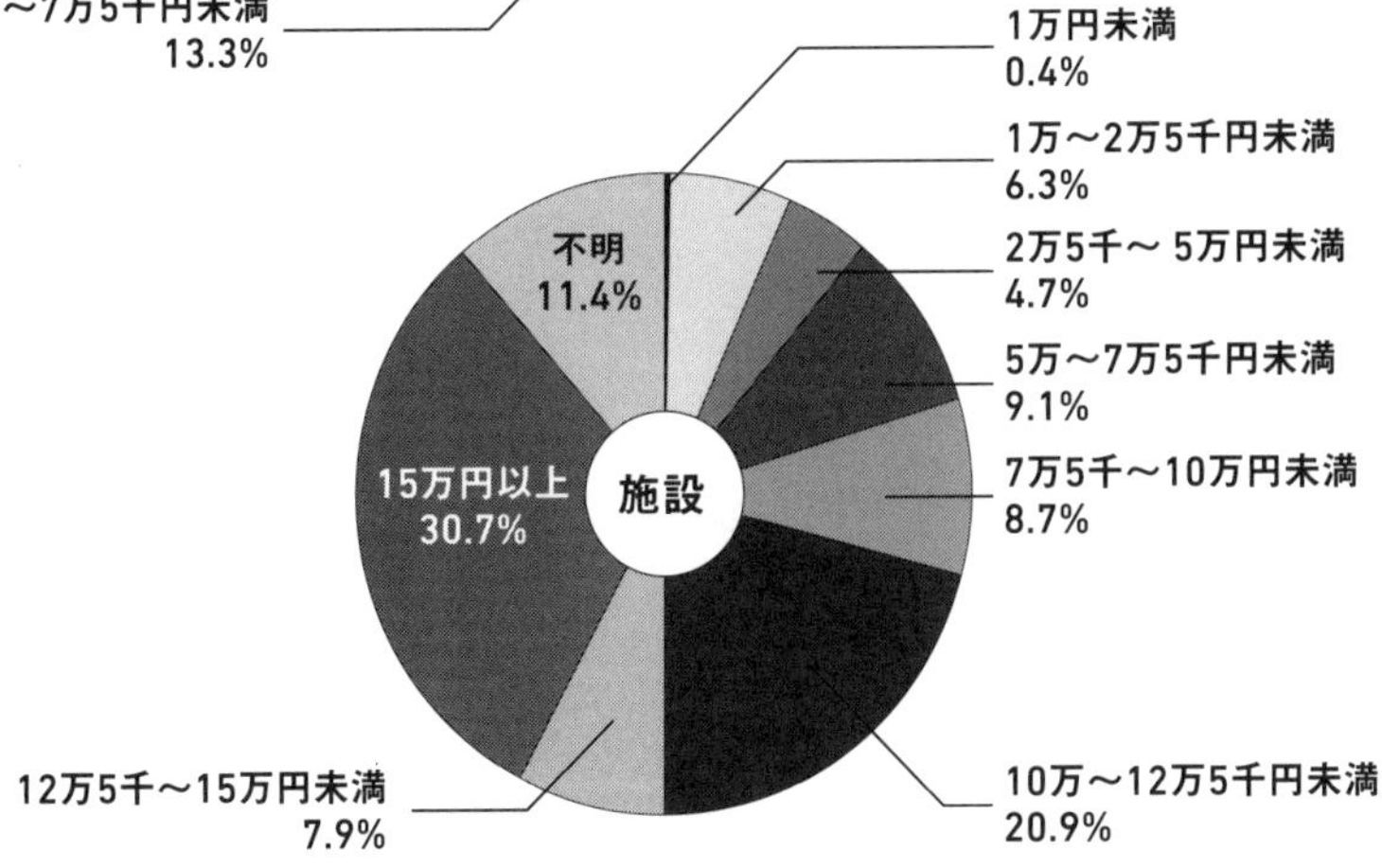

※「支払った費用はない」を0円として平均を算出
出典：公益財団法人生命保険文化センター「2021年度 生命保険に関する全国実態調査」<図表Ⅱ－63>介護費用（月額）（介護を行った場所別）をもとに、編集部で改変

また、月々の費用だけでなく、自宅の手すり設置やバリアフリー化などの改修工事、ベッドや車椅子のレンタルなど、介護をはじめる際には、一時的な費用が発生します。

その一部では介護保険の給付を受けられます。

同調査によると、介護保険の利用経験がある方の一時的な介護費用の平均は74万円と算出されています。

これらの支出がどれくらいの期間続くのかという目安として、同調査によると、介護経験者に聞いた**「介護をはじめてからの期間」の平均は、5年1カ月**とあります。

そこで、仮に在宅介護を5年1カ月間続け、1カ月あたりの費用を4・8万円、一時的な費用を74万円とすると、介護期間に要した費用は次のように概算できます。

要介護度別の一時的に必要な介護費用
（住宅改修、介護ベッドの購入など）

もちろん人によってかなりの違いが出ると思いますが、一時的にこれぐらいのお金はかかるという、1つの目安にしてください。

（万円）

要支援1	101
要支援2	37
要支援1	39
要支援2	61
要支援3	98
要支援4	48
要支援5	107
公的介護保険の利用経験なし	90

公的介護保険の利用経験がある人の平均は74万円

※「掛かった費用はない」を0円として平均を算出
※要支援はサンプルが30未満

出典：公益財団法人生命保険文化センター「2021年度 生命保険に関する全国実態調査」をもとに、編集部で改変

4・8万円×61カ月（5年1カ月）＋74万円＝366万8000円

これは平均額をもとにした概算です。

要介護度や状況に応じて実際の介護に必要な費用は変わってきますので、あくまでも参考程度に見てください。

ここに、**電話料金や食費などの介護以外の費用がかかってくる**というわけです。

もちろん、かかる費用は、個人個人で差が出てくるので、366万8000円用意しておけば大丈夫というわけではありませんし、それよりも少なく済む場合もあるでしょう。

ただ、在宅介護でも決して少なくない費用が必要になる可能性があることは知っておいてほしいと思います。

在宅から施設介護へと変えたときの費用はどれくらい？

254～258ページで触れたように、施設への入居を検討する際には、本人の希望や要介護度、心身の状態などを考慮することに加え、お金の現実と向き合う必要があります。

施設によっては、入居する際に支払う「入居一時金」が高額になり、毎月支払う「月額利用料」も決して安くはありません。

そのため、**施設介護にかかる費用の目安と、夫婦で受け取る年金額や貯蓄などの「使えるお金」**を考慮して、**入居する施設を比較検討することが重要**です。

施設に入ると必要になってくる費用は？

種類によってかかる費用が異なります。人気の特別養護老人ホームの場合、費用を安く抑えられる一方、入居待ちの状態が長く続くというデメリットがあります。

	種類	費用目安	
		入居一時金	月額利用料
公的施設	介護老人福祉施設 (特別養護老人ホーム)	なし	8.8〜12.9万円
	介護老人保健施設	なし	7.6〜13.4万円
	介護医療院	なし	7.6〜13万円
	軽費老人ホーム (ケアハウス)	0〜30万円	9.2〜13.1万円
民間施設	介護付き有料老人ホーム	0〜580万円	15.7〜28.6万円
	住宅型有料老人ホーム	0〜21万円	9.6〜16.3万円
	サービス付き 高齢者向け住宅	0〜20.4万円	11.8〜19.5万円
	グループホーム	0〜15.8万円	10〜14.3万円

出典：みんなの介護「老人ホームの種類一覧表」をもとに、編集部で改変

今後、入りそうな施設を想定しながら、どれぐらいかかりそうか、考えてみてください。

入居一時金とは、ある程度の期間分の月額利用料を前もって支払う「前払い金」のことです。

施設の種類によって0円から数十万円まで幅広く、なかには1000万円以上におよぶ高級施設もあります。

賃貸住居として扱われるサービス付き高齢者向け住宅（サ高住）では、入居一時金＝敷金の扱いになります。

「入居一時金は安いほうがお得」なのかというと、一概にはそうとも言えません。

入居一時金が安ければ、初期費用を抑えて手軽に入居しやすいというメリットがある反面、入居一時金の分が月々の支払いに上乗せされるため、月額利用料が高くなることがあるからです。

こうした仕組みになっていることを知ったうえで、入居時の貯蓄状況や入居期間の見通しなどをふまえて検討しましょう。

月額利用料についても、施設によって目安額はさまざまですが、民間施設に比べて公的施設のほうが安い傾向にあります。

特別養護老人ホーム（特養）が入居待機になるケースが多いのも、月額利用料が比較的安いことが理由の1つにあげられるでしょう。

なかには1年以上待機する場合もあります。費用の安さを取るか、あるいはすぐにでも入居したいのかなど、優先順位をつけて検討する必要があるでしょう。

もしくは、**特養への入居を待機している間は、初期費用を敷金だけで抑えられるサ高住に入居し、空き次第特養に移るという手段もあります。**

施設の月額利用料の主な内訳

月額利用料は定額制ではなく、介護サービスの利用内容や日用品の購入などによって月々変動します。

費用項目	内容
居住費・賃料	個室、ユニット型個室、多床室などの居室タイプによって月々の費用が異なる
管理費	一般的なマンション・アパートと同様に、施設の管理・維持のために使われる費用
食費	公的施設の場合は日数分（1日3食）、民間施設の場合は食事の回数から算出されることが多い
水道光熱費・電話代	公的・民間ともに水道光熱費や電話代は自己負担。賃料に含めて請求する施設もある
日常生活費	歯ブラシや石けんなどの消耗品やお菓子や本などの嗜好品にかかる費用は自己負担
医療費	病院や介護施設でかかった診察費、通院費、薬代、送迎費などは自己負担
介護サービス自己負担額	入居した施設で介護保険サービスを受ける際にかかる費用の自己負担額
サービス加算	追加したサービスや人員配置などに応じて加算される費用
上乗せ介護費	介護保険法で定められた人員配置基準よりも多くの職員を配置した場合に上乗せされる費用

もう1つ、お金の面で入居施設を検討する際に見てほしいのは、地域によって費用の相場が違うという点です。

マンションの販売価格やアパートの賃料と同じように、**介護施設の費用は立地場所の地価や物価、人件費などの相場に影響**されます。

47都道府県の中でも、東京都の施設の入居一時金や月額利用料の相場は、地価や人件費の高さに比例して最も高く、逆に地方に目を向けると、相場が東京都の半額以下という地域も少なからずあります。

住み慣れた都市部で施設を検討してみて、費用面の折り合いがつかない場合には、検討するエリアを近隣へ広げてみることも1つの手です。

もしくは、**親戚や知人のいる地域、生まれ育った地域などに移り住むということも、施設選びの選択肢として考えてみてはいかがでしょうか。**

「定期収入＝年金」をきちんと把握する

内閣府の「高齢者の健康に関する調査」（平成29年）で、55歳以上に「介護が必要になった場合の介護費用」について聞いた調査によると、「年金等の収入でまかなう」が63・7％で最も多く、次いで「貯蓄でまかなう」20・5％、「資産を売却するなどして自分でまかなう」4・0％と続いています。

介護サービスを年金でやりくりして**無理のない範囲で利用していくためには、まずは夫婦でどれくらいの年金を受給できるのかを把握することが大切**になります。

すでに年金を受給している方は受給額をご存じだと思いますが、次項で解説する

「年金のもらい漏れ」がないかどうかなど、あらためて確認してみることをおすすめします。

まず前提として、日本の公的年金には「2階建て」という特徴があります。

1階部分には日本に住む20歳以上60歳未満のすべてが加入する「国民年金（基礎年金）」、2階部分には会社員や公務員などが加入する「厚生年金」があり、国民年金のみに加入している人は1階部分のみ、厚生年金に加入している人は2階部分を上乗せした年金を受給できます。

この特徴をふまえて、厚生労働省の「令和3年度 厚生年金保険・国民年金事業の概況」を見てみましょう。

一定の年齢（原則として65歳）になったら受給できる国民年金（老齢基礎年金）の1カ月あたりの平均支給額は、男性5万9013円、女性5万4346円と出ています。

厚生年金に加入していた場合、国民年金を含む厚生年金（老齢厚生年金）の平均支給額は、男性16万3380円、女性10万4686円とあります。

この平均額をもとに夫婦2人分を算出すると、次ページのようになります。

例えば**「夫婦ともに国民年金のみ」の場合は、年金だけで2人の生活費や介護費用をまかなうことが難しい**といえます。

早め早めに貯蓄の運用や国・市区町村による支援（282〜289ページ参照）、資産の活用などを検討しましょう。

夫婦どちらか、もしくは夫婦ともに厚生年金の上積みを見込める場合も、勤労中に比べると収入が目減りするケースが多いと思いますので、**勤労中よりも生活費を抑えることを習慣化**することが大切です。

夫婦で受給できる年金の平均月額

「夫婦ともに国民年金のみ」と「夫婦ともに会社員」では、平均額で月最大15万円以上の差が生じています。

夫婦ともに 国民年金のみ	**11万3,359円** （5万9013円 ＋ 5万4346円）
夫が会社員、 妻が国民年金のみ	**21万7726円** （16万3380円 ＋ 5万4346円）
妻が会社員、 夫が国民年金のみ	**16万3699円** （10万4686円 ＋ 5万9013円）
夫婦ともに会社員	**26万8066円** （16万3380円 ＋ 10万4686円）

参考：厚生労働省「令和3年度 厚生年金保険・国民年金事業の概況」をもとに編集部で改変

あなたは大丈夫？　意外とある年金の「もらい漏れ」

65歳以降に受け取る「老齢年金」とあわせて知っておきたいのは、**遺族に支給される「遺族年金」と、病気や怪我で障害が残った人に支給される「障害年金」**の存在です。

「遺族年金」では、家族が国民年金の被保険者である間に亡くなった際などに、お子さんのいる配偶者またはお子さんが要件を満たせば、国民年金から「遺族基礎年金」を受け取ることができます。

また、亡くなった家族が厚生年金に加入していた場合には「遺族厚生年金」が上乗せされて支給されます。

「障害年金」は、視覚、聴覚、身体機能などの障害の状態に応じて障害等級が定められ、国民年金加入者には障害基礎年金（障害が重い順に1～2級）、厚生年金加入者には障害厚生年金（同1～3級）が等級に応じて支給されます。

障害年金の申請を検討する際には、自分の体の状態は加齢によるものなのか、障害年金の受給要件に該当するのかなど、まずは主治医に相談してみてください。

年金の時効には要注意！

留意しておきたいのは、**公的年金の受給権には5年の時効**があるということです。やむを得ない事情で期間内に申請できなかった場合には、時効を撤回する申し立てをできますが、原則として、例えば遺族年金の場合、受給権（基本権）は被保険者が亡くなった日の翌日から5年間で消滅します。

申請すれば5年分をさかのぼって受給することが可能ですので、「もらい漏れ」をしてしまわないようにご注意ください。

また、公的年金は「1人1年金」を原則とし、「老齢」「遺族」「障害」の異なる2つ以上の年金の受給権を得た場合には、どれか1つを選択する必要がありますので、受給額を比べ、自分にとって最も有利な年金を選択しましょう。

例えば、274ページで解説した老齢基礎年金（国民年金）の場合、保険料の未納期間や免除期間などがある場合に支給額が減額されますが、障害基礎年金は、保険料の納付期間にかかわらず、老齢基礎年金の満額と同額を受け取ることができます。

ちなみに、**令和5年度では、障害基礎年金2級は年間79万5000円、1級はその1・25倍の99万3750円が支給**されています。

「老齢」と「障害」の受給権を持ち、国民年金の未納期間や免除期間などによって老齢基礎年金を満額でもらえない場合には、障害基礎年金を選択するとよいでしょう。

加えて、ここで覚えておきたいのは、**「65歳以上になると、特例的に2つ以上の年金を受け取ることが可能になる」**ということです。

例えば、65歳以上で「老齢」と「障害」の受給権が生じた場合には、次の3つの組み合わせから受給する年金を選択できます。

- **障害基礎年金＋障害厚生年金**
- **老齢基礎年金＋老齢厚生年金**
- **障害基礎年金＋老齢厚生年金**

自分にとって少しでも有利になる、つまり「より多くの金額を受給できる組み合わせ」は、**個々の保険料の納付状況等によって異なりますので、最寄りの年金事務所や年金相談センターへ相談**してみてください。

このように、年金とひと口に言っても、さまざまな仕組みと種類があります。いずれかの、あるいは受給権を得られる状態であるにもかかわらず、知らないがゆえに申請を行わず、「もらい漏れ」が生じてしまうのはもったいないことです。

決して安くはない社会保険料を長年支払っているのですから、より手厚い支援を受けられるのなら、ためらわずに申請しましょう。

制度を最大限に活用して、のしかかる負担を軽減する

介護・医療の経済的負担を軽減できるように、国による制度に加え、市区町村も独自の制度や補助金を用意しています。

利用条件を満たしていれば、申請するだけで自己負担額の払い戻しや所得税控除などを受けられますので、利用しない手はないはずです。

とくに**所得の低い住民税非課税世帯**（**年収156万円未満が目安**）**である場合は、医療費や介護費の負担を大幅に軽減できる仕組みがあります**ので、おっくうがらずに申請手続きを進めましょう。

こうしたお金に関する制度について知りたい、検討したいというときにも、高齢者の強い味方である地域包括支援センターが相談に乗ってくれます。

制度の内容や利用条件、申請書類の書き方などを教えてくれて、なかには地域包括支援センターで申請を済ませられる制度もあります。

知っておくと得する、老老介護に役立つお金の制度をいくつか紹介しますので、ぜひ参考にしてみてください。

【医療費系】

● 高額療養費制度

医療機関や薬局で支払った医療費（自己負担額）が1カ月で上限額を超えた場合、上限額を超えた分が支給される制度です。

上限額は年齢や所得に応じて定められています。

また、**過去12カ月以内に3回以上上限額に達した場合に上限額が下がる「多数回該当」という仕組みもあります。**

《月の医療費が10万円だった場合》

○70歳以上・年収156万円〜約370万円
支払った医療費10万円−上限額5万7600円（世帯）＝支給額4万2400円

○70歳以上・住民税非課税世帯
支払った医療費10万円−上限額2万4600円（世帯）＝支給額7万5400円

○70歳以上・住民税非課税世帯（年金収入80万円以下など）
支払った医療費10万円−上限額1万5000円（世帯）＝支給額8万5000円

医療費控除

1月1日〜12月31日の1年間に自分や扶養家族のために支払った医療費が10万円を超えた場合、超えた額から高額療養費等を差し引いた額の所得控除を受けられます。**訪問看護や訪問リハビリテーションなどの医療系居宅サービスや、医療・介護が連携する特別養護老人ホーム、介護老人保健施設などの施設サービスにかかる費用も、医療費控除の対象**となります。

その年の総所得金額等が200万円未満の人は、上限額は総所得金額等の5％です。

【介護費系】

高額介護サービス費

高額医療費に対する高額療養費制度と同様に、高額介護費について支援を受けられる制度です。

介護サービスに支払った1カ月の自己負担額が上限額を超えた場合、超えた分が払い戻されます。

上限額は所得に応じて定められています。

《月の自己負担額が6万円だった場合》

○住民税課税～課税所得380万円未満
自己負担額6万円－上限額4万4400円（世帯）＝支給額1万5600円

○住民税非課税世帯
自己負担額6万円－上限額2万4600円（世帯）＝支給額3万5400円

高額医療・高額介護合算療養費制度

夫が介護保険サービス、妻が医療保険サービスを受けている場合など、**同一世帯で**

介護保険・医療保険の両方のサービスを利用している場合、介護費・医療費の自己負担額の1年間の合計が限度額を超えた分の払い戻しを受けられます。

介護保険負担限度額認定制度

所得の低い人を対象に、ショートステイや特別養護老人ホーム、老人保健施設などの介護施設を利用・入所する際の食費・居住費が軽減される制度です。

制度を利用するには市区町村に申請し、「介護保険負担限度額認定証」の交付を受ける必要があります。

対象となる人の所得・資産状況によって負担段階が細かく定められていますので、詳細は地域包括支援センターか市区町村の窓口にお問い合わせください。

◆**介護休業給付金**

雇用保険の被保険者で、家族の介護のために休職した場合、受給要件や就労日数・支払賃金などの条件をクリアすれば、**給料の最大67%、1家族につき通算93日を限度に3回まで雇用保険から給付金が支給**されます。

例えば在宅介護をはじめるにあたって、お子さんに介護休業を取得してもらい、手続きやケアマネージャーとの打ち合わせ、住宅改修などを手伝ってもらうといった際も、この制度を利用するとよいでしょう。

【住宅補助・控除系】

◆**高齢者住宅改修費用助成制度**

在宅での生活に支障がないように住宅改修を行った際、**1つの家屋につき20万円の限度額内で、最大18万円**（**1割負担の場合**）**が支給**されます。

対象となる住宅改修には、手すりの取り付けや段差の解消、引き戸等への扉の取り替え、洋式便器等への取り替えなどがあります。

◆3000万円の特別控除の特例

介護施設への入居や資産の整理などで自宅を売却する際、住まなくなった日から3年以内に売却すれば、**譲渡所得から最高3000万円まで控除**できます。

◆長期譲渡所得の軽減税率

売却した自宅の所有期間が10年を超えている場合、一定の要件に当てはまれば譲渡所得税率が軽減されます。

「3000万円の特別控除の特例」と重ねて受けることが可能です。

支出を減らすには「定期購入の見直し」からはじめる

内閣府が60歳以上の男女を対象に実施した「令和元年度 高齢者の経済生活に関する調査結果」によると、「過去1年間の大きな支出項目」で最も多かったのは「食費」で59・4％。

次いで「光熱水道費」と「保健・医療関係の費用」がともに33・1％、「交通費、自動車維持費等の費用」25・7％、「趣味やレジャーの費用」19・1％、「子や孫のための支出（学費含む）」18・6％と続いています。

全体的に、食費の負担が大きく、医療費の負担も目立ちます。

あなたは何にお金を使っている？

高齢者の年間の支出の割り合いです。自分の支出状況を下記の項目ごとに点検してみると、節約のポイントが見つかりやすいのではないでしょうか。

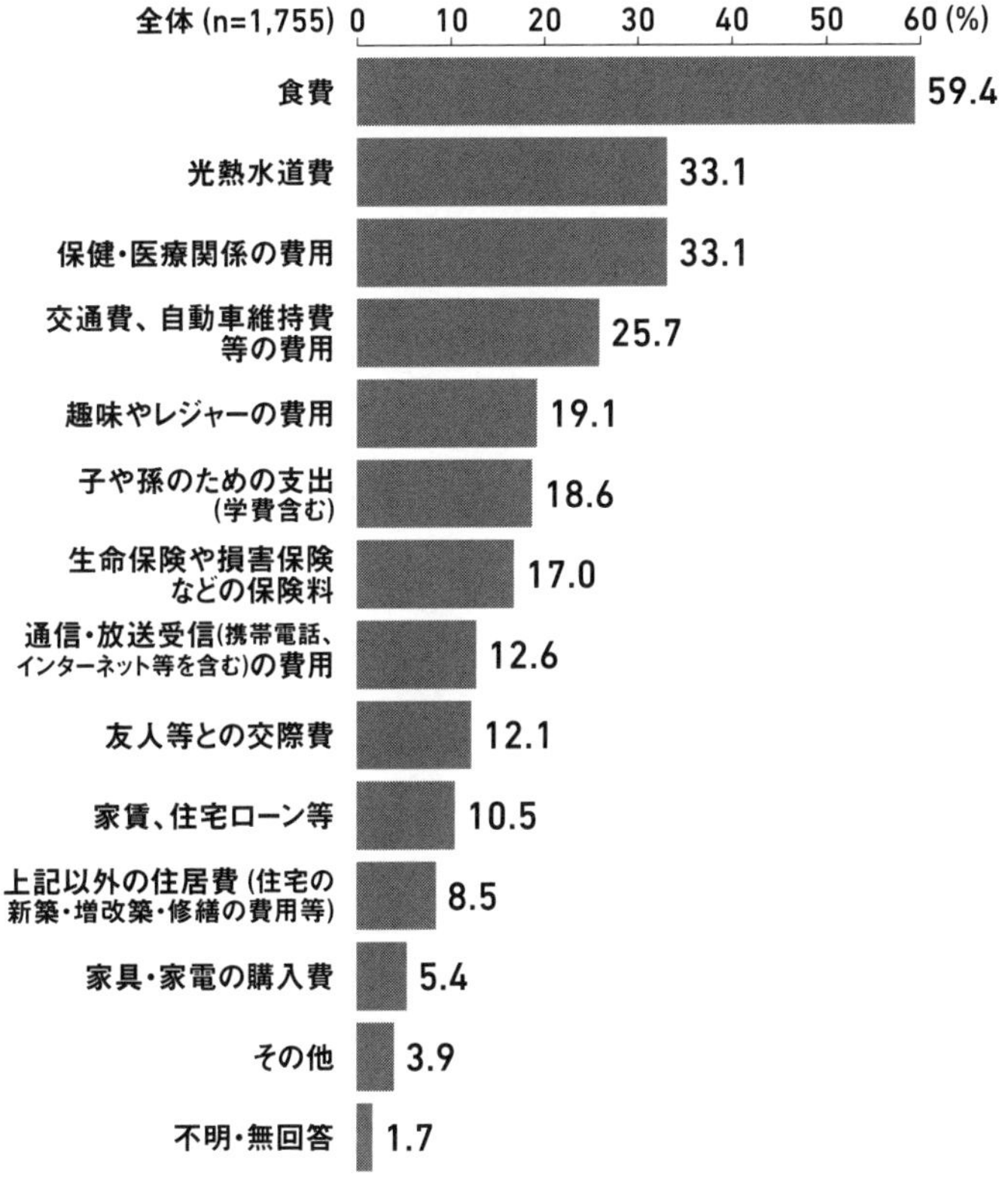

出典：内閣府「令和元年度 高齢者の経済生活に関する調査結果」
図表２－３－６－１　過去１年間の大きな支出項目（Q10）（複数回答）

支出を抑えるポイントは個々の暮らしによって異なり、一概には言えませんが、夫婦で支出項目を1つひとつ見直してみると、節約のきっかけが見つかるはずです。

例えば「食費」は、健康管理にかかわるため容易に節約するわけにはいかないかもしれません。

しかし、外食の回数を減らしてみるとか、**できるだけ日持ちのする食材を使ってロスを省くとか、小さな心掛けによっても幾分違ってくる**と思います。

「保健・医療関係の費用」を抑えるには、本書でお伝えしている医療保険や介護保険、その他の支援制度などをできるだけ活用することがカギになります。

もちろん、最大の節約術は「病気や怪我の予防」ですから、日頃の体調管理に留意しましょう。

ただし、「健康のため」にやっていることに意外とムダがあるのも事実です。

私の知り合いの父親は、健康のためにサプリメントを数十種類も定期購入し、月々の支払いがかさんでしまっていると聞いたことがあります。

皆さんのなかにも、心当たりがある方がいらっしゃるかもしれません。

もちろん健康の維持のために努力することは素晴らしいことだと思います。

しかし、その効果は、どうしても個人差があります。


健康という言葉だけに飛びつくのではなく、自分にあっている、必要なサプリメントを絞り込んで購入すれば、月々の購入費をぐっと抑えられるはずです。

まずは、少しずつ減らしてみてください。

サプリメントに限らず、**「この定期購買・定期購読は本当に必要なのか」と見直してみることも、節約につながります。**

また、お孫さんがかわいいのはよくわかりますが、お小遣いやお祝いなどにかける金額を少し減らしてみることも、自分たちの生活を守るためには、有効になるでしょう。

自宅の固定電話とスマートフォンを併用している場合は、スマートフォンに一本化し、さらに格安スマホに切り替えると通信費を節約できるでしょう。

このように、皆さんもご自身の月々の家計収支を集計し、支出を1つひとつ点検してみてください。

そして、見直せるところがあれば随時着手してみることで、随分と支出が圧縮され、収支バランスを整えることができるのではないでしょうか。

介護資金不足を補うための奥の手はあるのか？

「年金だけでは月々のやりくりが難しい」「介護資金が足りなくなりそう」という場合には、**持ち家の自宅を活用して生活資金や介護資金を確保する方法**があります。

その1つが、金融機関などが取り扱っている「リバースモーゲージ」という金融商品です。

各都道府県の社会福祉協議会（社協）も「不動産担保型生活資金」という名称で取り扱っています。

「リバースモーゲージ」とは、高齢者が自宅に住み続けながら、自宅を担保に資金を借り入れ、資金を借りた人（借入人）が死亡したときに担保物件の売却などによって借入金を一括返済するというものです。

通常の住宅ローンでは最初に一括で借り入れ、月々分割で返済して借入残高を減らしていきます。

一方でリバースモーゲージは、「リバース＝逆の」「モーゲージ＝住宅ローン」を意味するとおり、**住宅ローンとは逆に毎月融資を受け、借り入れた合計額を最後にまとめて返済**します。

月々の返済は利息分のみで済み、年金型で毎月借りる方式、もしくは一括でまとまった資金を借りる方式があるため、「施設入居の初期費用を借り入れたい」「自宅のバリアフリー化工事に必要な資金をつくりたい」といった方にも有効な手段となるでしょう。

リバースモーゲージの仕組み

契約者は月々利息分だけを返済し、死亡後に遺族（相続人）が物件の売却等によって一括返済します。

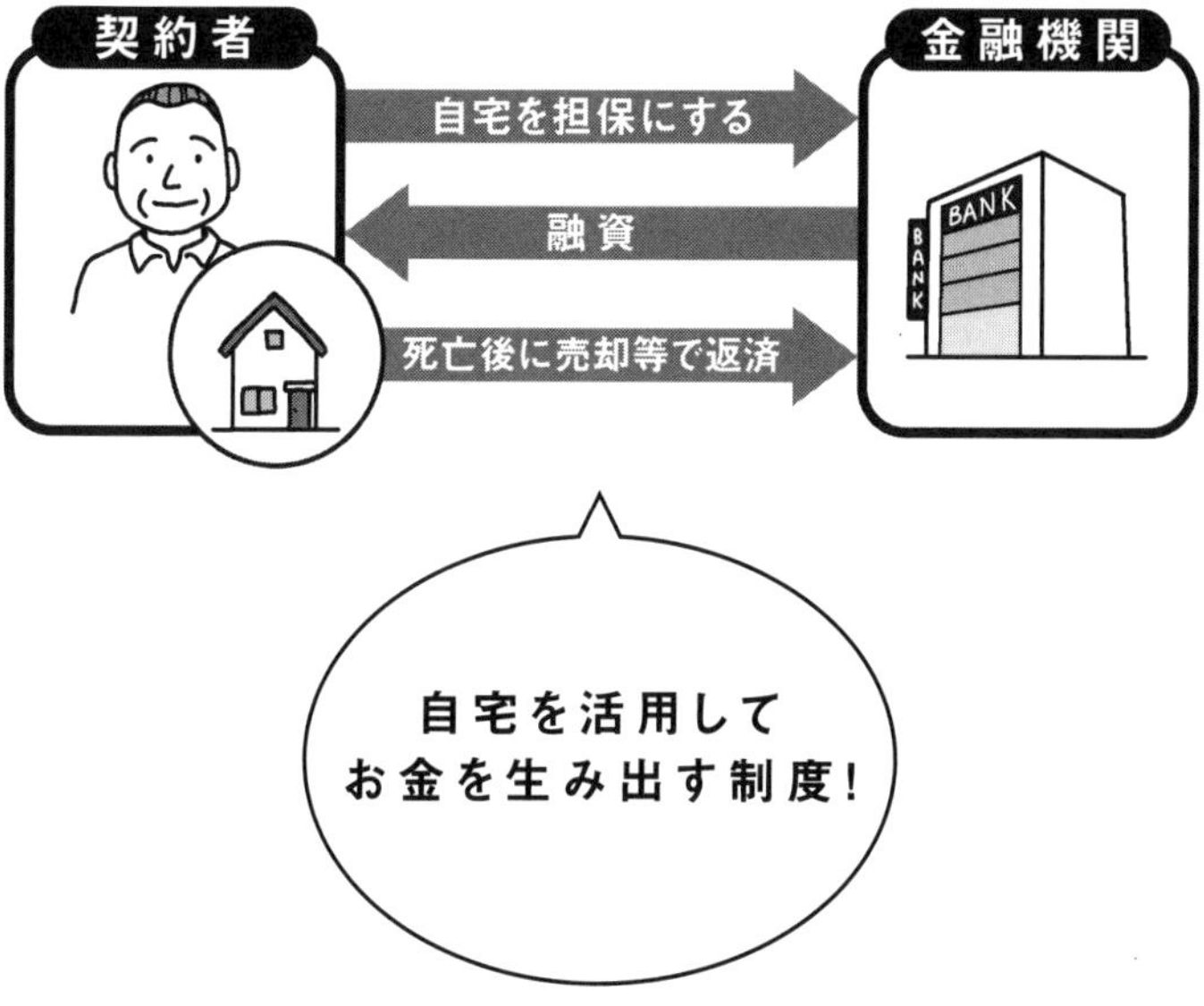

リバースモーゲージのメリット・デメリット

ただし、**リバースモーゲージの利用にはメリット・デメリットの両面があります。**

ここで、リバースモーゲージのメリット・デメリットや主な利用条件についてまとめてみました。

これらをふまえながら、自宅を相続する予定の家族と相談して検討することが肝要です。

●メリット

○住み慣れた自宅に住み続けながら、自宅を担保にして融資を受けられる
○月々または一括の融資で生活資金や介護資金を確保できる

○生存中の月々の返済は利息のみのため、低所得の人も利用しやすい

デメリット（注意点）

○長生きすればするほど最終的な返済額が大きくなる
○担保の評価額によって融資限度額が定められ、担保価値の下落によって引き下げられる場合もある
○変動金利型が多く、金利の上昇で返済額が増える場合がある
○亡くなった際に家の売却などで返済するため、遺族に家を残せない

リバースモーゲージの主な利用条件

また、誰もが利用できるというわけではありません。
リバースモーゲージを利用するには次のような条件がありますので、詳細は金融機

関や社会福祉協議会に問い合わせてご確認ください。

対象者

金融機関ごとに「50歳以上」「60歳以上」などの年齢制限があります。

社協のリバースモーゲージ「不動産担保型生活資金」の対象となる年齢は「65歳以上」です。

社協の「不動産担保型生活資金」は低所得者向けのため、「住民税非課税世帯または均等割課税世帯」を対象にしています。

同居人

最終的には物件の売却を想定しているため、夫婦2人または単身で暮らし、子どもや親類などの同居人がいないことを条件にしています。

対象物件

主に戸建てです。稀にマンションも対象にしている金融機関もあります。

資金用途

借り入れた資金は、生活資金や介護・医療費、自宅のリフォーム資金、レジャー費、学習費などに自由に充てられますが、事業資金や投資資金としての使用は禁止されています。

相続人の同意

利用の条件として、推定相続人（相続が開始された場合に相続人となる予定の人）の同意が必要になる場合があります。

銀行への「代理人申請」で、介護のお金の流れをスムーズに

現役時代には「夫婦のどちらか一方がすべての家計をやりくりしていた」「共働きだったので、それぞれが銀行口座を管理していた」というご夫婦が少なくないと思います。

しかし、どちらかが要介護になり、介護生活がはじまった場合には、夫婦2人の年金収入と貯蓄で必要な支出をまかなっていくことになりますので、夫婦でお金のやりくりを共有することをおすすめします。

どちらかに「もしものこと」があったときの備えとしても、共有しておくとよいでしょう。

例えば、**夫婦どちらかの名義で家計用の銀行口座を開設し、そこに年金や生活費の支払いなどの入出金を集約**してみてはいかがでしょうか。

そうすることで、お互いの出費を把握できるので、収支のバランスが見えやすくなります。

介護サービスへのお金のかけ方についても考えやすくなるでしょう。

ただ、注意点として、銀行は名義人本人の財産を守るために、原則として本人以外による出金は受け付けていません。

1枚のキャッシュカードと暗証番号を夫婦で共有して利用することも、名義人本人の同意があったとしても銀行の取引ルールに反する可能性がありますので、避けたほうが無難です。

そこで、**夫婦2人で銀行口座を共有する際には、口座名義人本人が銀行窓口にて代理人キャッシュカードや代理人指名手続き**を行うとよいでしょう。

多くの銀行では、代理人キャッシュカード（家族カード）を申請・発行すれば、名義人でなくてもATM等で口座のお金を引き出すことができます。

例えば夫が口座名義人の場合、妻の代理人カードを発行すれば、夫婦それぞれが同一口座のキャッシュカードを所有できるということです。

また、口座名義人が代理人指名手続きを行えば、名義人の指名を受けた代理人（配偶者か二親等以内の親族）が預金の入出金や金融商品の売却などを行うことができます。

お子さんがいる場合には、**夫婦2人に何かあったときのために、お子さんを代理人に指名することも検討**してみてください。

いずれの申請・手続きも、口座名義人本人が銀行の窓口で行う必要があります。

認知症などによって口座名義人の意思確認ができないと判断されると、これらの手続きを行えなくなるばかりか、本人だけでなく家族も銀行からお金を引き出せなくなります（次項参照）。

そのため、家計用の銀行口座に限らず、夫婦それぞれの銀行口座や貯蓄用の口座があれば、早めにすべての口座で同様の手続きを行っておくとよいでしょう。

代理人キャッシュカードや代理人指名手続きに関する利用条件や手続きの仕方などは、銀行によって異なりますので、**利用する銀行に問い合わせ**てみましょう。

できれば認知症や寝たきりになる前に、財産管理に備える

銀行から認知症で判断能力が不十分とされ、資産が凍結された。判断能力はあるものの、寝たきり状態になって金融機関に行けない。

こうした状況は、たとえ今は元気だとしても、近い将来に目を向けてみると、残念ながら誰しもに起こり得ることだと思います。

しかし、何も対策をしていないままだと、どうなってしまうでしょうか。

認知症になって判断能力が不十分だと認められると、本人の資産を守るために、銀行口座からお金を引き出せなくなったり、不動産や有価証券の売却ができなくなったりする可能性があります。

いわゆる「資産の凍結」が実行されるのです。

そうなると、本人に必要な介護費用を引き出そうとしても、家族でさえも預金に手を出せなくなります。

寝たきりの状態では、資産の凍結は行われませんが、本人が金融機関や不動産会社、行政機関との契約・手続きなどを行うことが難しくなり、**財産の管理に手が行き届かなくなってしまいかねません。**

判断能力が不十分とされ、資産が凍結されてしまうと、国が定めた「成年後見制度」の「法定後見」に沿って成年後見人を選任し、成年後見人が本人に代わって財産の管理や必要な介護サービスの契約・手続きなどを行うことになります。

これによって凍結された資産を再び管理できるようになります。

しかし、「法定後見」の後見人は家庭裁判所によって選任されるため、必ずしも親族がなるわけではありません。

親族間のトラブルを防ぐためにも、専門知識を持った弁護士や司法書士、社会福祉士などの第三者が選任されるケースが増えています。

また、後見人には積極的な資産運用や相続対策はできないなどの制約があり、後見人が家庭裁判所に財産管理の状況を毎年報告する義務も生じます。

第三者を後見人とする場合は、その報酬を本人の財産から支払うことになります。

こうしたデメリットがあることも十分にふまえ、判断能力が十分にあるうちに、もしものときのためにどんな備えができるのかを知り、手続きを進めておくことが大切です。

地域包括支援センターや金融機関などに相談してみるとよいでしょう。

検討しておきたいのは次のようなことです。

財産の状況を把握・共有しておく

年金の受給額や貯金額、不動産、有価証券、負債などの状況をあらためて洗い出し、**口座や保険契約などの情報とあわせて夫婦やお子さん、親族で共有し**ておきましょう。

「後見人」の選任を検討する

成年後見制度には、前述した家庭裁判所が選任する「法定後見」と、判断能力が十分あるうちに本人が後見人にしたい人を選ぶ「任意後見」があります。

「任意後見」の場合、本人が選ぶことができますが、誰を選ぶのか、財産をどう管理するのかなど、親族間でもめる要因にもなりかねないので、親族で十分な話し合いを行いましょう。

「家族信託」を利用して家族に託す

本人の不動産や貯金などの資産を信頼できる家族に託し、管理や運用、処分を任せるという仕組みです。

積極的な資産運用を可能とし、財産から生じた利益を本人の生活費や介護費用に充てることができます。

認知症対応の信託商品を検討する

信託銀行が認知症対策に特化した信託商品を提供していますので、利用を検討してみるとよいでしょう。

信託商品を契約すると、**代理人を指定したうえで、銀行に規定以上の金銭を預け、運用**を託します。

その後、本人が認知症と診断された場合、代理人が医療・介護費用や生活費などを引き出せるようになります。

◎代理人キャッシュカード／代理人指名手続きを行う

304ページで紹介したように、本人に代わって配偶者や家族が銀行口座の預金を出し入れできるようにしておきましょう。

◎生命保険の指定代理請求制度を利用する

本人が事故や病気で意思表示ができない場合などに、あらかじめ指定した代理人が保険金の請求を行えるようにする制度です。

契約者の代わりに家族が契約内容を確認できるようにする「家族登録制度」もあります。

生命保険の内容照会や保険金請求は原則として本人しかできないので、もしもに備えて手続きしておきましょう。

年に1回は、家族で「未来」を話す機会をつくる

皆さん11月30日が何の日かご存じですか？ 「絵本の日」とか「きりたんぽみそ鍋の日」などがあるようですが、老老介護にかかわる記念日が、**「人生会議の日」**です。治りにくい病気にかかったり、自分の意思を伝えられなくなったりしたときに備え、どのような医療やケアを望んでいるかを、本人と家族などと事前に話し合う「人生会議」を普及するために厚生労働省によって定められた記念日です。

また、**11月11日は介護の日**。「国民に介護の啓発を実施するための日」として、これも厚生労働省が定めた記念日です。

このような介護にまつわる記念日をいいきっかけにして、事前に介護やこれから先

のことを家族や信頼できる人たちと年に一回でも話しておくことは、大切なことです。

記念日にこだわらなくても、家族がお盆で集まるときなど、皆さんの都合のいい日に、病気になったときのことやお金のことなど、次にあげた例にならって家族でぜひ話しあって、みてはいかがでしょう。

その際、**本書の巻頭についてある付録「やっておきたいこと・会っておきたい人リスト」や「介護を助けてくれる人リスト」などを一緒に埋めてみてもいい**かもしれません。

【病気になったとき】

もしも治らない病気になったときには、どんな治療やケアを受けて過ごしたいか／医療のことを自分で決められなくなったら、誰に代わりに話してほしいか／人生最期はどこですごしたいか　など

【お金について】

現在の財産の確認とこれからの支出／後見人をどうするか／相続をどうするのか／代理人キャッシュカードや代理人指名手続きをどうするか　など

第7章

介護をラクにする「生活・健康の知恵袋」

ちょっとした生活の意識、
健康への意識を変えるだけでも、
介護は随分とラクになります。
また、最近は高齢者のために
随分と便利な道具も
世の中に出てきました。
この章では、そのような生活の中ですぐに
取り入れられるコツを紹介していきます。

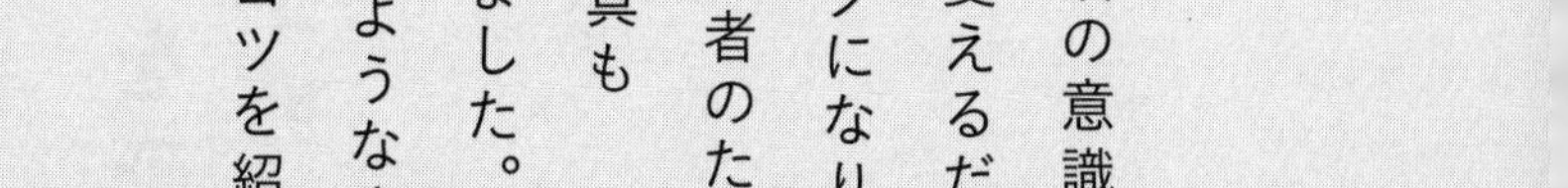

整理整頓が健康寿命を延ばす！収納のコツは「高からず、低からず」

介護をラクにするためにまず、真っ先にやっていただきたいのが、整理整頓です。

日々を暮らす住まいの整理整頓は、何かと面倒で、先延ばしになっていませんか？

「古新聞をまとめるのは来週にしよう。とりあえず廊下の隅に置いておけばいいや」と、おっくうがっていると、だんだん「まあいいや」が増え、やがて自宅が物でいっぱいになってしまう。

心当たりのある方、少なくないかもしれません。

私が訪問看護で訪ねた利用者さん宅の中にも、部屋や廊下のあちこちに物が置かれ、つまずいて転倒する危険性をはらんでいる例がいくつもありました。

ベッドから出るのがおっくうになっているのか、その周辺や枕元に本や雑誌、リモコン、充電器などがワサッと置かれている利用者さん宅もありました。


生活動線に物があふれていると、ベッドから起き上がったり、トイレに行ったり、ふとした拍子につまずいてしまう危険があります。

転倒して骨折してしまい、入院となってしまうと、一気に介護を必要とする状態に転じてしまいますから用心したいものです。


整理整頓が健康寿命を延ばし、介護を予防することにもなるのです。

安心、安全に暮らすには、こまめな片付けがとても大事と心掛けてください。

棚や押し入れなどに物を収納する際のポイントは、**「日常的によく使う物は高からず、低からず」**です。

なぜなら高すぎても、低すぎても、出し入れするときに腰に負担がかかってしまうからです。

例えばお茶碗やみそ汁のお椀、湯飲み、箸など、日常的に使う食器は、自然な姿勢で出し入れできる腰の高さあたりに収納しましょう。

収納スペースの都合で廊下に物を置かざるを得ないとき、もしくは手すり、ドアノブ、段差などの出っ張りがあるときには、**目印として発光性のテープを貼っておく**とよいでしょう。

繰り返しになりますが、高齢者で何より回避したいのは、転倒です。

発光性のテープを貼ることで暗くても目に入り、ぶつかったりつまずいたりする危険を回避できます。

着替えも大切な運動！ 着やすさ重視で、自分で着替える

着替えるのが面倒だから、今日は寝間着のままでいいや。

ボタンを掛けたりはずしたりするのがしんどいから、やってもらおう。

ちょっとした身の回りのことをおっくうがっていると今まで普通にできたことができなくなるのも時間の問題です。

日常の動作は立派な運動。やらなくなってしまうことで、体の衰えを早めてしまいます。

着替えや靴の履き脱ぎなど、できる限り自分ですることは、ご自身のためだけでなく、介護者の負担をも軽減するとても大事なことです。

自分で服を選び、身なりに気を配ることは、気持ちの面での若さを保つ秘訣ともいえます。

そうはいっても、手先の細かな動きが難しくなってきた、腕や足の可動域が狭くなってきたという方は、**障害のある方や高齢者の方が着やすいようにデザインされた「アダプティブウェア」**を試してみてください。

「アダプティブ＝適応する」、「ウェア＝服」という意味で、体のさまざまな状態に適応するために開発された服のことです。

例えば、ボタンやファスナーに磁石を使い、簡単に着脱できるシャツ。ひもの代わりにファスナーを採用し、履きやすくした靴。腰が曲がった状態でも履きやすく、ズレにくいズボン。

有名ブランドもこうしたアダプティブウェアの開発に力を入れており、ファッションとしてさまざまなデザインを選べるようになっています。

装いが変われば、外に出掛けることも楽しくなること請け合いです。

転倒リスクを軽減するための靴・靴下選びのコツとは

高齢になると体のバランスを保つことがなかなか難しくなり、転倒リスクが高まります。

転倒・骨折は要介護状態を招きかねませんから、靴下や靴、スリッパなど、足元で気をつけたいポイントをお伝えしましょう。

靴下や靴を履くときに体がぐらついたり、腰を痛めてしまったりする事故が少なくありません。

若い頃の感覚のまま立って履いたり、ましてや片足立ちの体勢で履いたりすることはもってのほかです。

玄関に椅子を置いておき、靴下や靴は座った状態で履き脱ぎするのを習慣にしましょう。

靴下については、足底に滑り止めがついているものがおすすめです。滑り止め付きの靴下は足元が安定し、歩いたり座ったりする際にも安心感があります。

そのほかにも**腰をかがめずに靴下を履けるようにと履き口の取っ手を引っ張って履ける靴下もありますし、靴下を履くための補助器具「ソックスエイド」も、腰への負担が少なくて済む**と人気です。

靴選びも慎重に行いたいところです。

足のサイズに合っていないと、知らず知らずのうちに歩き方のバランスが悪くなり、足が疲れやすくなるだけでなく、ひざ痛の原因になるとも指摘されています。

高齢になるにしたがって足のサイズが小さくなるといわれていますので、靴店であらためて足の幅と長さを測ってもらい、自分に合う靴を選ぶようにしましょう。

また、高齢になると歩くときに足を十分に上げにくくなり、すり足のように歩く傾向があります。**すり足でスリッパを履いていると脱げやすく、足とスリッパが絡まって転倒する恐れ**があります。

自宅内ではスリッパの利用は控え、厚手で温かいルームソックスや、滑り止めの付いたホームカバーの利用をおすすめします。

洗濯のときのひと工夫があなたの肩や腰を守る

洗濯物を干すときも、それを取り込む時も想像以上に無理のある体勢になるので、無理がたたって肩や腰を痛めてしまう恐れがあります。

住まいによっては、物干し竿を引っかける台の位置が高く、洗濯物を竿に掛けるときに、体をめいっぱい伸ばさなくてはいけない場合があります。

私の知人に、**洗濯物を掛けようと背伸びしたけど、うまくいかずに落としてしまい、かがんでそれを拾おうとしたはずみにぎっくり腰という悲劇**を体験された方がいます。

物干し竿の位置が自分の身長に合っていない場合には、ビニール紐で輪を2つつくり、物干し台の両サイドにくくりつけ、その輪に物干し竿を引っかけると、ビニール紐の長さ分、竿の位置を下げることができます。

簡単にできて、**竿の位置を10センチ下げるだけでも腰への負担が軽減される**と思いますので、次ページを参考に試してみてください。

もしくは、高い位置の竿にも洗濯物を無理せずかけられるように、「竿上げ棒」「引っ掛け棒」などと呼ばれている、伸縮可能な棒状の便利グッズを使うのもおすすめ。棒の先にハンガーを引っ掛けて持ち上げれば、ラクに竿に洗濯もかけることができます。

また、洗濯物を取り込むときには、無理な姿勢で抱え込まず、できれば2人で手分けして行うのがよいでしょう。

そして、**洗濯物をたたむときには、ベランダで立ちながら行うのではなく、部屋に取り込んで座ってたたむほうが転倒の恐れもなくて済みます。**

コレで洗濯干しがぐっとラクに!!

腰や肩に負担がかからない高さになるように、ビニール紐で調整したり、便利な道具を活用したりしましょう。

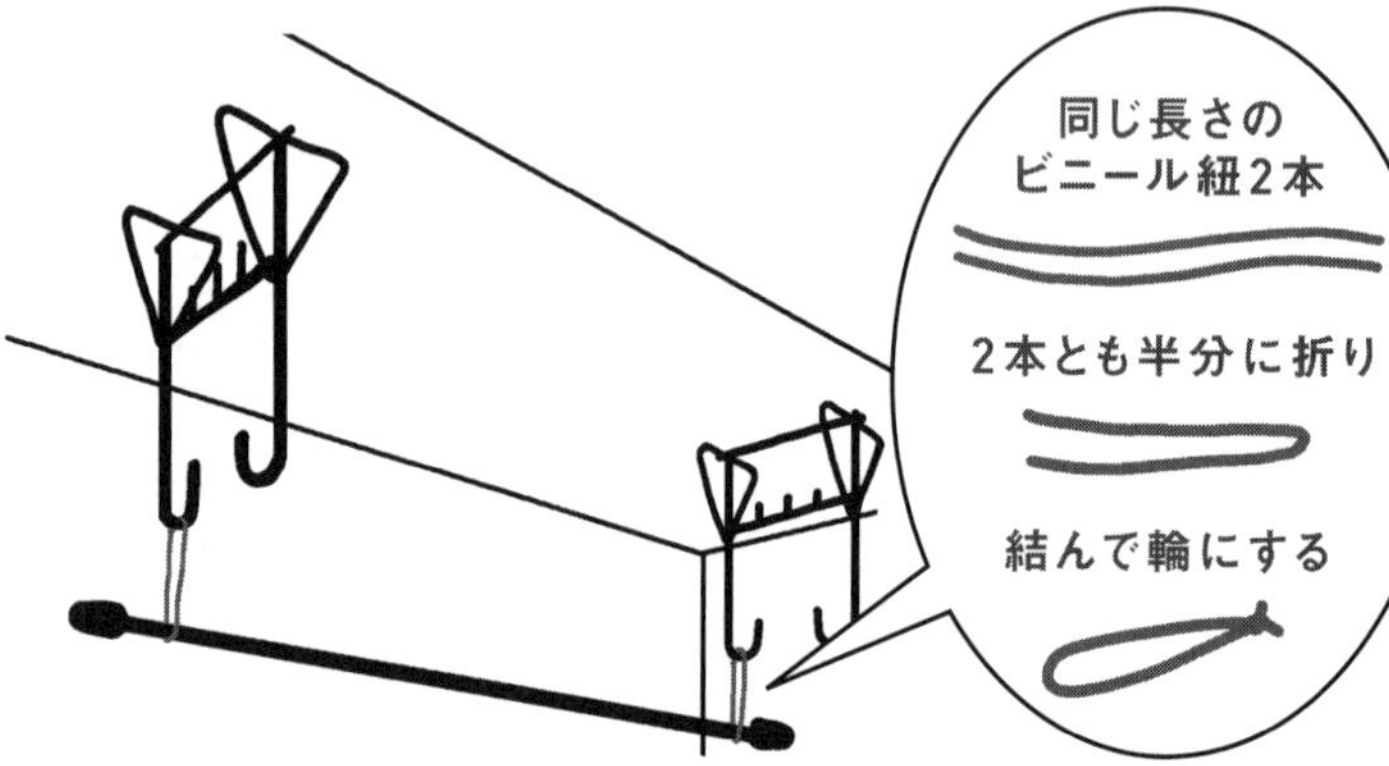
同じ長さの
ビニール紐2本
2本とも半分に折り
結んで輪にする

こんな便利な
道具も!!

楽しい日常を守るために必要な定期点検とは

「眼鏡をかけても、どうも新聞が読みにくくなった」「そういえばかすみ目が気になる」と感じながらも、「年なんだから仕方がない」と、そのままにしていませんか？

加齢によって、ピントが合わなくなる、いわゆる老眼というのは、誰にでも起こるものです。

しかし、**高齢者の視力低下には、加齢黄斑変性や緑内障、白内障といった、病気がかかわるケースが少なくない**ので注意が必要です。

だからこそ、視覚の変化には、敏感になってほしいのです。

例えば**「視界がかすむ」「光をまぶしく感じる」といった症状は、目のレンズの役割を果たす水晶体が白く濁る白内障を発症している可能性**があります。

見え方に違和感があれば、まずは眼科を受診しましょう。

目の病気は、早期発見、早期治療しかありません。

少しでも気になったら、すぐに眼科診断を心得てください。

視覚能力の低下によって、いつの間にか眼鏡が合わなくなっていることがありますので、眼鏡店で定期的に視力を測定し、アドバイスをもらうとよいでしょう。


また、加齢とともに暗がりがより見えづらくなります。

玄関やトイレは家の中でも暗がりになりがちです。

視界を明るく保つために、センサーによる自動点灯照明に切り替えることをおすすめします。

白内障の影響などによって光をまぶしく感じる場合がありますので、自分に合う照明の明るさや色を選びましょう。

見えやすくなると、新聞や本を読む意欲が高まり、外出して景色を眺めたり、買い物をしたりすることもいっそう楽しくなるはずです。

逆に見えにくくなってくると、本や新聞を読むことがおっくうになるばかりか、外出も控えがちになるものです。

そうすると刺激が減り、老いを早めてしまうということにもなりかねないので、目の健康には、十分に気をつけましょう。

補聴器と集音器の違いを知り、的確に「聞く」をサポート

年齢とともに話し声やテレビの音声、電話などが聞こえにくくなってきた。そう感じることはありませんか?

聴力が衰えはじめると、話を何度も聞き直すようになるものです。

なかにはそれが面倒になったり、**相手に悪いという思いから、人との接触を忌み嫌うようになり、ついには電話にも出なくなったりして、ふさぎ込む**ことにもなりかねません。

気になりはじめたら、耳鼻咽喉科にかかり、聴力の検査・診察を受け、医師と相談のうえで補聴器や集音器の利用を検討してみてください。

その際に知っておきたいのは、補聴器と集音器の違いについてです。

ともに聴力を補う機器ではありますが、補聴器は厚生労働省から認定を受けた医療機器、集音器は家電量販店等で購入できる音響機器であり、商品のカテゴリーに違いがあります。

補聴器は対面販売が原則で、専門家が医師の診断をもとに、その人に合った音の出力を周波数ごとに調整します。

一方、集音器は機種によって違いがありますが、音のボリュームを一律に大きくするタイプが主流です。

服に例えると、**補聴器は体型に合わせて仕上げるオーダーメイド服、集音器は店内で合うサイズを探す既製服。**既製服のほうが安いのと同様に、補聴器に比べて、集音器のほうが安い傾向にあります。

どちらを選べばいいかは聴力の状況によるため、医師に相談することが一番です。補聴器も集音器もレンタル利用が可能なので、一度試して比較検討することもできます。

少し話はそれますが、108ページで、耳垢が原因で認知症に間違えられた例を述べましたが、耳垢によって聞こえづらくなるということもあるようです。

また、アメリカの高齢者向け施設での調査によると、耳に栓をするような**耳垢を取ることで聴力が改善しただけでなく、認知機能も改善されたことが報告**されています。

耳が遠いという人は年に一度くらい耳垢が溜まっていないか診察を受けるとよいでしょう。

視力と同様に、声や音が聞こえやすくなると、人と話したくなり、外に出掛けたくなることでしょう。

「見る」「聞く」が活発になることが、心身によい影響を与えます。

忙しくても「健康的な食事」をとるための簡単な方法

毎日の食事は栄養の源であり、体調を維持するためにとても重要です。

毎日3食とることで、生活のリズムを整える効果も期待できます。

健康の維持のために、忙しい中でも栄養バランスを考えたり、塩分を控えたりと、食事に気を配っている方も少なくないでしょう。

食事について、私からまずお伝えしたいのは、「食べることを楽しみましょう」ということです。


今日は何を食べようかと楽しみながら考え、おいしく味わうことで、生活に彩りが生まれ、生きがいの1つにもなり得ます。

そのうえで、健康面にも気を配る工夫ができれば一石二鳥。そのためのちょっとした工夫を少し紹介しましょう。

1つは、レトルト食品の活用です。

普段から料理をつくらない人にはピンと来ないかもしれませんが、毎日栄養バランスに配慮した献立を考えることは、結構大変なことです。

パートナーが要介護状態であれば、介護で手いっぱいになり、なおさら献立にまで気が回らないかもしれません。

そんなときは、スーパーやドラッグストアで市販されている介護用のレトルト食品を取り入れてみてください。

例えば夕食の献立に、ご飯とみそ汁、主菜をつくり、副菜2品はレトルト食品を組み合わせてみるといったバランスでもよいかと思います。

さまざまな食品メーカーが栄養バランスや咀嚼しやすさに配慮した商品を開発・発売しており、その種類は実に豊富です。

いろんなメーカーの商品を食べ比べてみるのも楽しいと思いますし、**手間を省きながら多種類を食べられるので、バランスが整いやすく、飽きもこない**と思います。

私も仕事柄、スーパーに並ぶ介護用食品を手あたり次第試してみたことがあり、メーカーごとに味付けや食感、食材の組み合わせに工夫があって新鮮でした。

もう1つは、**「塩分をできるだけ控える工夫」**です。

塩分とりすぎに注意といっても、過剰に控えすぎてしまうと、味気ない食事になり、食べることが楽しくなくなり、逆に体調を崩すことも考えられます。

しかし、塩分対策も、ちょっとした工夫と考え方次第で無理なくできます。名付けて「ちょいつけ食べ」です。

焼き魚やお浸しなどに、いつも醤油《しょうゆ》をドバッとかけていませんか。その手を止め、**醤油皿に垂らし、刺身のようにその都度軽くつける程度**にしてみてください。

醤油の風味を楽しみながらも、醤油の量が減り、塩分の摂取を控えることができます。

ソースも同様です。

コロッケに直接かけていたソースを別皿にすることで、コロッケのサクッとした食感が際立ち、それでいてソースの塩分を控えられます。

「あとひと嚙み」が虫歯を予防し、脳の活性化にもつながる

高齢者の健康に重大な影響を及ぼすのに、放っておかれがちな体の箇所があります。

それが歯や口です。

食べ物をよく嚙むことを意味する「咀嚼」は、体にも脳にもよい効果があるといわれています。

できるだけ自分の歯で食事を楽しみ続けるために、またよく嚙んで介護予防につなげるためにも、咀嚼について知っておきましょう。

食べ物をよく噛むと、どんな効果があるのでしょうか。

口内に唾液が多く分泌され、唾液が口内を洗浄してくれるため、虫歯・歯周病の予防につながります。

唾液には食べ物の消化や栄養の吸収を助ける働きもあります。

また、よく噛むことで、食べ物のうまみや酸味、苦みなどを感じやすくなります。

さらには、**脳の働きが活性化され、記憶力や集中力、判断力などの改善、認知症予防につながる可能性も示唆《しさ》**されています。

日本歯科医師会は、1口につき30回以上噛むことを推奨しています。

皆さんはどうでしょうか。無意識のうちに10〜20回程度で飲み込んでいませんか？

まずは、一度数えてみてください。

あらためて噛む回数を数えてみて、30回よりも少ない場合は、30回意識して噛みましょう。

といっても、数えながら食事するのは、なかなか面倒くさいですし、楽しく食事ができませんよね。

飲み込む前に、気がついたら、**ひと噛みでも多く噛むことを意識してみる**というのを試してみてください。

歯科医院では咀嚼能力の検査を受けられ、しっかりと噛めているかどうかを確認することができます。

「咀嚼チェックガム」という市販の商品を使えば、噛んだ後のガムの色の変化によって咀嚼能力を簡単にチェックできます。

ネットショップなどで調べると手に入りやすいと思います。

咀嚼能力が低下していることがわかれば、歯科医に相談のうえ、噛むトレーニングなどの改善策に取り組みましょう。

恐怖の「メタボリックドミノ」を「口腔ケア」で止める

口の中を清潔に保つ「口腔ケア」は、高齢者の方々にとってとても大切です。

適切な口腔ケアを行うことが、虫歯や歯周病の予防だけでなく、嚥下機能や発声機能の維持にもつながります。

誤嚥性肺炎や感染症を引き起こす危険性を抑えることもできます。

誤嚥性肺炎とは、口腔内の細菌が唾液や胃液に混じって気管に入り、発症する肺炎のことです。

高齢者がかかると寝たきり、悪くすると命を落としてしまうこともある、非常に怖い病気です。

さらには、口腔ケアを怠り、虫歯や歯周病にかかってしまうと、やがて大きな事態に発展してしまう可能性もあります。

これは、「メタボリックドミノ」と呼ばれる考え方です。

次のイラストのように、ドミノの最上流にある「生活習慣」の乱れが、ドミノ倒しのように体の不調を誘発し、「糖尿病」や「腎臓病」、「脳卒中」、「心不全」、「認知症」などを引き起こすというものです。

そして、この**ドミノの出発点に、実は虫歯や歯周病がある**ともいわれているくらいですので軽視できません。

病気を予防し、健康寿命を延ばすためにも、適切な口腔ケアを行いましょう。

メタボリックドミノって？

虫歯や歯周病がドミノ倒しのようにさまざまな病気を誘発するという考え方です。上流で食い止めることが、健康寿命を延ばすことにつながります。

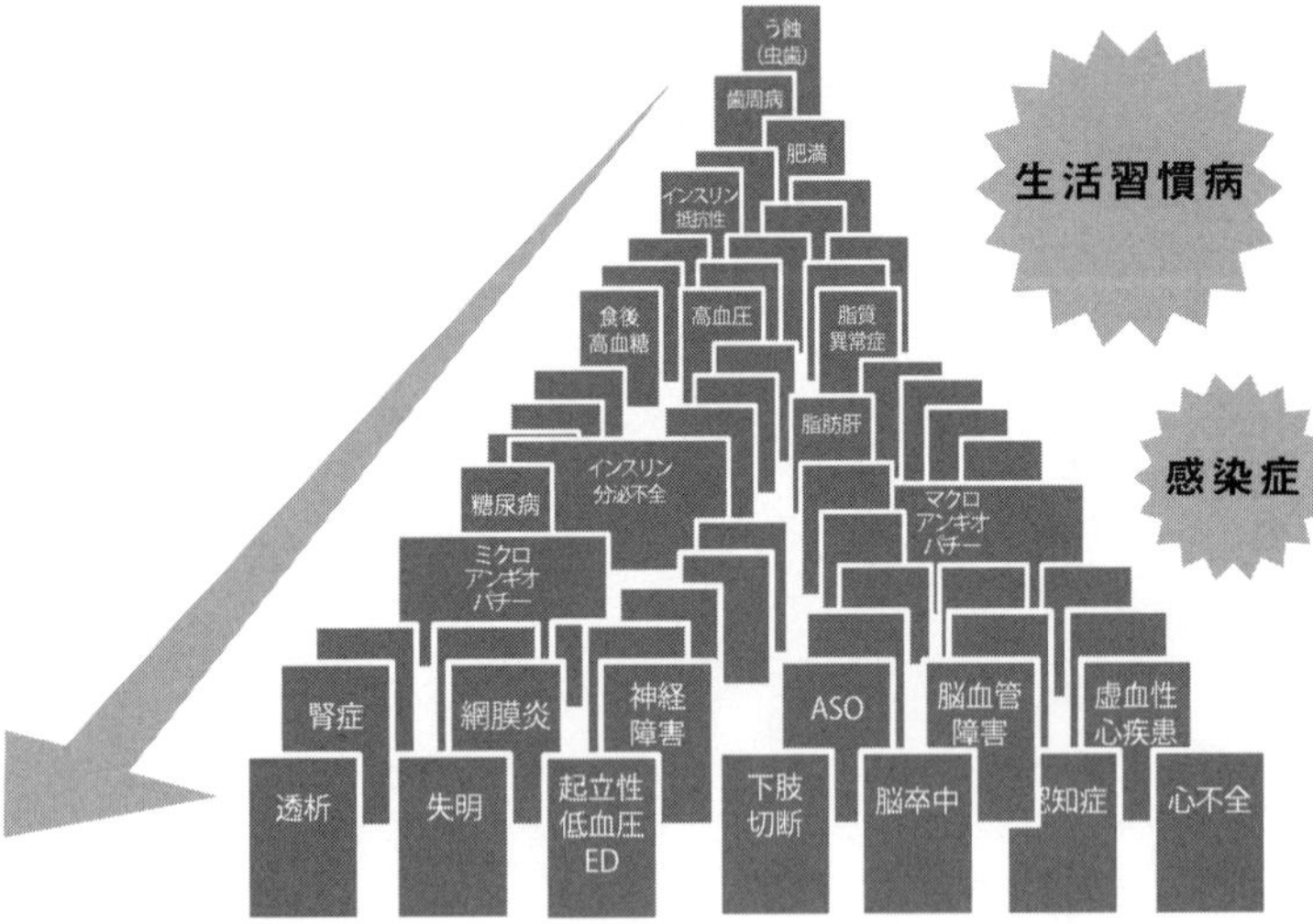

出典：慶應義塾大学医学部腎臓内分泌代謝内科伊藤裕名誉教授提唱の図をもとに作成

決して難しいことではなく、毎食後、歯の隅々までやさしく磨くことを継続することが第一です。

そのためには、自分に合った歯ブラシを選ぶとよいでしょう。

歯ブラシの持ち手は太いほうが手にフィットし、握りやすいと思います。

そして、歯茎が敏感な人や歯周病を患っている人は、毛がやわらかい歯ブラシを選んでください。

また、毛のついた部分は小さめのほうが、1本1本の歯をムラなく磨けます。

年齢とともに握力が弱まっていくので、力をかけずに磨ける電動歯ブラシもおすすめです。

ただ、**歯みがきだけでは限界がある**ので、定期的に歯科医院を訪れるか、訪問歯科を利用し、個々の状況に応じた口腔ケアを受けるとよいでしょう。

自分や家族が認知症になったら、時計を変える

「今日は何日だっけ？」「何曜日？」「今何時？」と、何度も同じことを繰り返し聞かれることは、認知症の方の介護をしていると珍しくないことです。

これは、230ページでお伝えしたように、認知症の症状の1つとして、日付や曜日、時間の感覚が不明瞭になってしまうことがあるからです。

日付がわからなくなってしまうと、本人は不安で落ち着きがなくなり、時間の感覚がなくなると昼夜の区別もつきにくくなってしまいます。

そのため、認知症の方を介護している方は、正確な日付と時間を確認できるよう、カレンダー表示機能の付いたデジタル電波時計を設置しましょう。

「私、昼食食べてないわよ」と、認知症になると食事をしたこと自体を忘れてしまうこともあります。

そうした際にも、居間やダイニングに時計を置いておくことで、本人と一緒に食事の時間を確認でき、「一緒に時計を見て12時23分に食べはじめたよね」「そうね」と、本人に納得してもらいやすくなります。

時計を選ぶ際には、大きな文字でわかりやすく表示されるかがポイントです。

なかでも**日めくりカレンダーの表示機能が付いたタイプのものは、高齢者にとって見慣れたデザインなので日時が読み取りやすい**のではないでしょうか。

何度も同じことを聞かれると、介護する側にストレスが溜まってしまいかねません。

小さなことですが、1つの手段として時計をうまく活用することで、そのストレスを少しでもやわらげてもらいたいと願っています。

高齢者の敵、ヒートショックから身を守る

ゆったりとお風呂に入ると、気持ちが安らぎ、体がじんわりとほぐれて心地よいものです。

高齢者の皆さんの中にも、入浴が楽しみという方が多いと思います。

ただ、**入浴にはヒートショックや転倒、腰痛などの危険が潜んでいる**こともふまえておく必要があります。

しっかりと対策したうえで、入浴を気分よく楽しみましょう。

ヒートショックとは、急激な温度変化によって血圧が上下に変動し、体に負担がかかってしまうことをいいます。

冬の寒い日、エアコンで温まった部屋から急に冷え切った脱衣所に行くと、血管が縮み、血圧が上がります。その状態で浴室に入り、温まったお湯に浸かると、今度は血管が広がって急に血圧が下がります。

こうした**血圧の変動が心臓に負荷をかけると、心筋梗塞や脳卒中になる危険性が高まります。**

ヒートショックは体にとって非常に危険な状態なのです。

では、皆さんにはヒートショックの危険度がどれくらいあると思いますか？

次のチェックリストでいくつの項目に当てはまるか、数えてみてください。**当てはまる項目が多ければ多いほど、ヒートショックの危険度が高まります。**

目安として5項目以上に当てはまれば、「ヒートショック予備軍」といえるので、該当された方は特に注意が必要です。

ヒートショック危険度チェックリスト

チェックした項目の数によって、「ヒートショック予備軍」かどうかが診断されます。予備軍と診断されたなら、早急に入浴習慣の改善を行いましょう。

- □ メタボ、肥満、糖尿病、高血圧、高脂血症、心臓・肺や気管が悪いなどと言われたことがある
- □ 自宅の浴室には暖房設備がない
- □ 自宅の脱衣室に暖房設備がない
- □ 一番風呂に入ることが多いほうだ
- □ 42度以上の熱い風呂が大好きだ
- □ 飲酒後に入浴することがある
- □ 浴槽に入る前のかけ湯をしない、または簡単にすませるほうだ
- □ シャワーやかけ湯は肩や体の中心からかける
- □ 入浴前に水やお茶など水分をとらない
- □ 1人暮らしである、または家族に何も言わずにお風呂に入る

出典：西条市消防本部ホームページ

ヒートショックから身を守るには

ヒートショック予防としては、次のようなものがあげられます。

自分の入浴習慣を見直してみて、改善が必要なところに随時取り入れていってください。

- ●入浴前後にコップ1杯の水を飲む
- ●脱衣所に暖房機器を設置し、部屋と脱衣所の温度差を5度以内に抑える
- ●湯船はあまり温めすぎず、できれば41度以下に設定
- ●湯船に入る前に、心臓から遠い足先からかけ湯をする
- ●湯船からいきなり立ち上がらず、手すりを持って徐々に立ち上がる
- ●温かい浴室内で体を拭き取ってから脱衣所へ出る

浴室には転倒と腰痛対策を忘れずに

ヒートショックに加え、浴室は滑りやすく、体を洗ったり湯船に浸かったりする際に腰に負担がかかるため、転倒や腰痛を引き起こすこともあります。

洗い場や湯船の底に滑り止めシートを敷き、手すりを設置するなど、浴室の状況に応じた転倒対策を行いましょう。

腰への負担を少なくするためには、**洗い場に座高の高い椅子を置くことをおすすめ**します。

洋式トイレの便座と同じくらいの高さがあれば、立ち上がりのときなどに、腰が随分とラクになると思います。

介護者が入浴介助をしやすいように、体を支えるための背もたれがあるとなおよいでしょう。

おむつをはかせるにはどうする？

私の知人は、トイレに行く際に介助が必要になってからも、「おむつなんか必要ない」と言い張り、家族がおむつの着用をすすめても固辞していたそうです。

おむつを着用することに恥ずかしさや抵抗感があったからでしょう。

家族が言ってもなかなか聞き入れてもらえないことは、多いようです。

こういう場合は、**ケアマネージャーなど、看護や介護の専門家の方におむつを着用してもらえるよう説得を頼んでみる**というのも1つの手です。

その知人も、ケアマネージャーの説得により着用することに。

すると、「こんなに着け心地がよくてラクだとは」といたく気に入ったそうで、「以来、おむつを欠かしたことがない」と、知人は笑みを浮かべていました。

今や大人用おむつの種類は100種類以上。大人用おむつのファッションショーが開催されるくらいバラエティに富んでいます。

その中から自分にフィットするおむつを選べば、知人のお兄さんのように快適に暮らしやすくなるでしょう。

そこで、おむつの種類や選び方について解説しましょう。


まず大人用おむつの種類は、大きく2つに分かれます。

外側のおむつと、その内側につける尿取りパッドです。

それぞれに種類があり、着用する本人の介護状態や排泄量、交換回数、着け心地などに応じて選ぶとよいでしょう。

外側のおむつは、「パンツタイプ」「テープタイプ」「両用タイプ」があります。

「パンツタイプ」は下着のように着脱でき、1人で歩ける、介助があれば歩けるという要介護1～3の方に適しています。

「テープタイプ」は横になったまま交換できるので、寝て過ごすことが多い要介護4～5の方に向いているでしょう。

「パンツタイプ」はウエストサイズに、「テープタイプ」はヒップサイズに合わせて選びます。

パンツタイプとテープタイプの両方の機能を持つのが「両用タイプ」です。

また、外側のおむつに尿取りパッドを入れて使えば、パッドの交換だけで済み、おむつ代を節約することができます。

本人の排泄量と頻度に合った吸収量のパッドを選びます。

おむつの支給や助成金のサービスを提供している市区町村がありますので、そうしたサービスを利用しながら、メーカー各社の商品を試してみると、自分に合うものを見つけやすいでしょう。

水分だけじゃない！　熱中症対策に欠かせないものとは

高齢になると温度の変化を感じにくくなるといわれています。

そのため、室内にいても熱中症になる高齢者が後を絶ちません。

全国の熱中症による救急搬送状況を見ても、年齢別で高齢者が最も多いという状況が続いています。

人には、皮膚から脳に暑さが伝わると、血液量や発汗量を増やして体内の熱を逃がそうとする「体温調節機能」があります。

しかし、高齢になるにつれてこの機能は低下し、暑さを感じにくくなり、体内に熱がこもりやすくなってしまうのです。

また、高齢になると体内水分量が少なくなり、さらには喉の渇きを感じにくくなることから、熱中症になりやすいともいわれています。

エアコンを使いたがらない高齢者が少なくないことも、熱中症のリスクを高める要因にあげられるでしょう。「エアコンは体に悪い」と思い込んでしまったり、電気代の節約のために使用を制限したり、暑さを感じにくくなっているため必要ないと判断したりするからと思われます。

エアコンをつけずにいると、室内の温度はみるみるうちに上昇し、熱中症を引き起こす可能性が高くなります。

介護状態になれば自宅で過ごす時間が長くなりますので、なおさらエアコンによる室内温度をコントロールすることが重要です。

エアコンは暑さ対策に欠かせないものであり、**エアコンをつけるための電気代は必要経費だと考え、熱中症から身を守る**ようにしましょう。

室内は28度程度に保つことが適温とされています。

喉が渇く前にこまめな水分補給を行うことも大切です。

入浴中や就寝中も体の水分が失われ、熱中症にかかることがありますので、入浴前後や就寝前後にも水分補給を行いましょう。

また、熱中症は塩分などのミネラル不足からも起こります。

血圧の高い方などは、医師などに相談したほうがよいですが、水分だけでなく、**梅干しなどの漬物、塩昆布などを適宜補給**することも大切です。

高齢者は温度に対する感覚が弱くなり、暑さを自覚しにくくなっているため、**「温湿度計」や熱中症指数を表示する「熱中症計」を活用**し、危険な暑さを認識するとよいでしょう。

危険な数値になるとアラートが鳴るタイプもあります。

外出時に持ち歩ける携帯用があればなおよいでしょう。

「杖」を、「転ばぬ先の杖」にするためのポイントとは

「転ばぬ先の杖」という言葉があります。

「万が一の事態に備えて、あらかじめ準備しておくことの大切さ」をさとす言葉です。

高齢者の方にとっては、まさしく「杖」が転倒から身を守る備えになります。

「杖？　年寄りに見えるから嫌だ」と感じる人もいらっしゃるかもしれません。

しかし、**近頃の杖のデザインは洗練され、機能的でオシャレなものが多い**ので、外出のおともに使ってみてはいかがでしょうか。

杖と一口に言っても、その種類は幅広く、握り手がT字状で付いたオーソドックスな「T字杖」、4点に分かれた杖先で支える「4点杖」、カフと呼ばれる輪に腕を通して使う「ロフストランドクラッチ」などがあります。

選び方としては、**自力で歩ける方は歩行のサポートとして「T字杖」、足元が安定しない方は「4点杖」、腕力や握力が弱ってきた方や体に麻痺がある方は「ロフストランドクラッチ」**というように、体の状態や用途に合わせて選びましょう。

杖の長さも、選ぶ際のポイント。自分の身長や腰の角度などに合った杖を選ぶと、スムーズに歩くことができます。

その目安として、大転子と呼ばれる太ももの外側に出っ張った部分と握り手の高さを合わせると、体を支えやすいでしょう。

ただし、本人の体の状態によりますので、実際に試してみて使いやすさ・歩きやすさを確認するようにしましょう。

あなたにあった杖のタイプはコレ!

T字杖には長さ固定のタイプと伸縮できるタイプ、折りたたみ可能なタイプなどがあります。4点杖には枝先が狭いタイプと広いタイプがあります。

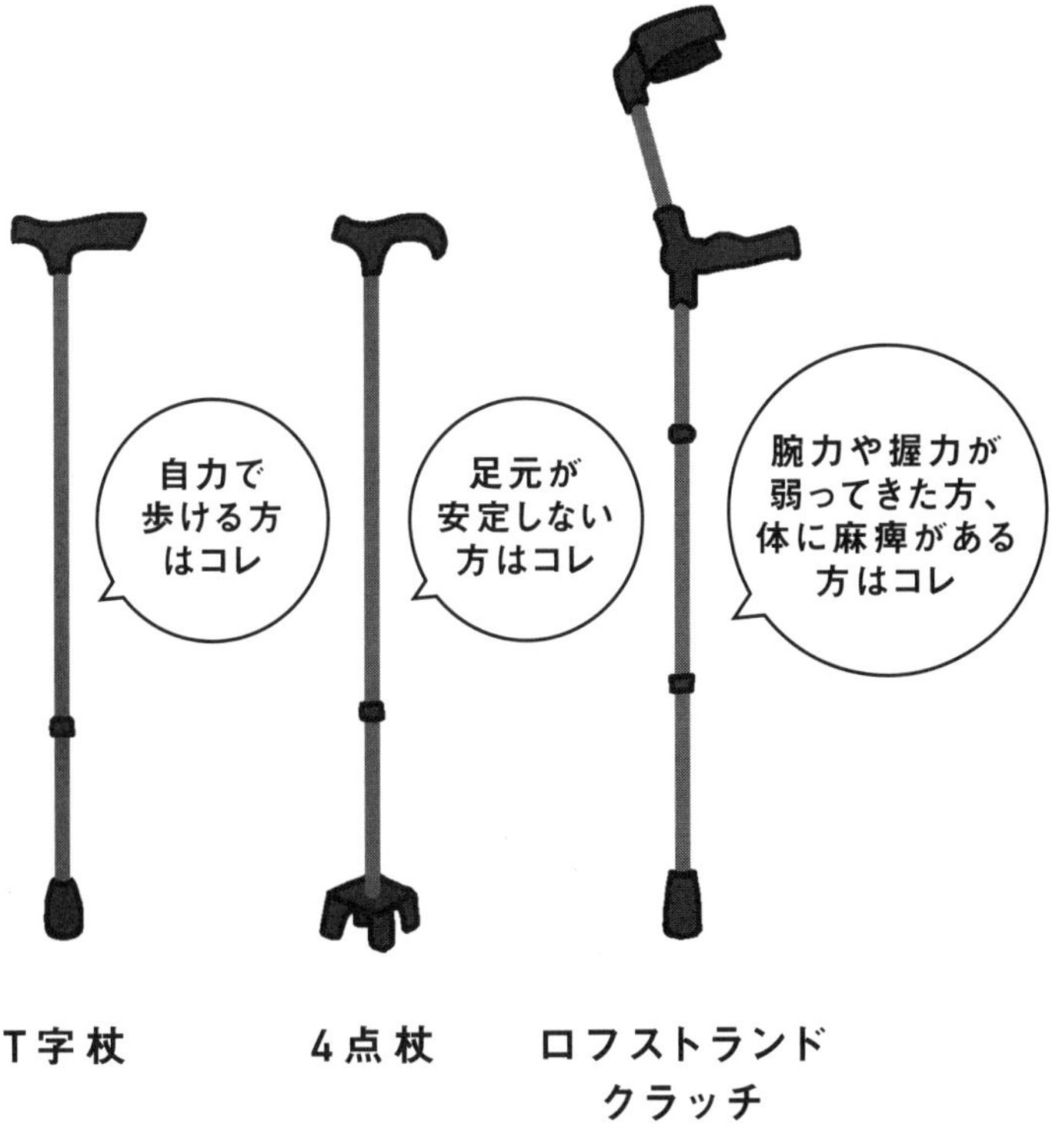

あなたにピッタリな杖の高さは?

足の付け根の出っ張った骨に合わせると、杖を握った際にひじが適度に曲がり、自然と力を入れやすいでしょう。

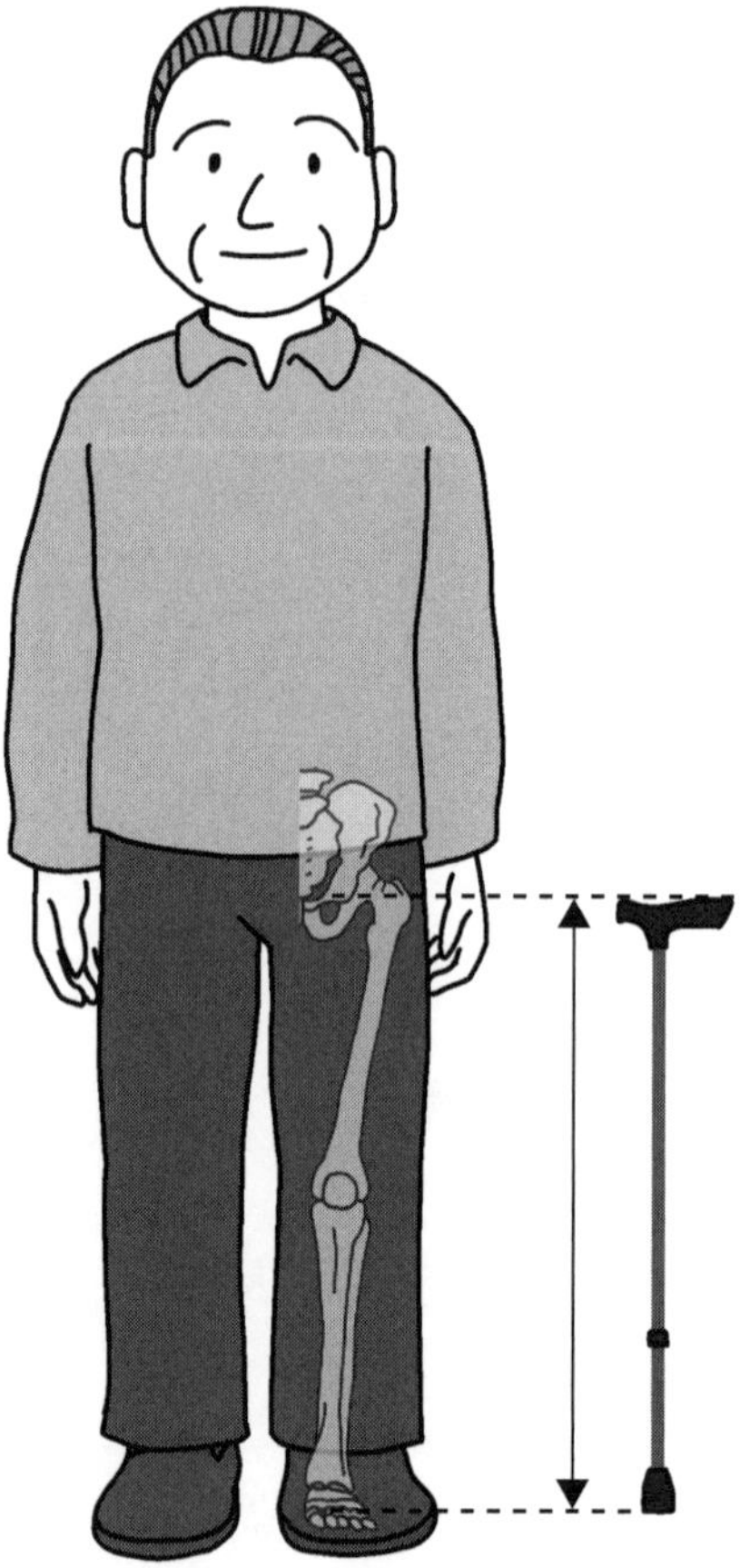

プロの技で、体を痛める「魔の時間」を乗り切る

介護をしている方が、自分の身を守るために、最も気を付けなくてはならない瞬間は、いつかわかりますか？

それは、介護をされる側をベッドから起こしたり、歩行の補助をしたりするときです。

身体介助を行う際、腰や膝を痛めることが非常に多いのです。

痛めても身体介助をやり続ける必要がある場合が多く、一度でも痛めてしまうとどんどんと悪化してしまうケースも少なくないと聞きます。

まさに「介護の魔の時間」と言っていい時間です。

とくに**歩行時に寄り添って支える「移動介助」**や、**車椅子の乗り降りを補助する「移乗介助」を行う際には、体の使い方や姿勢がよくないと、介助する側・介助される側の双方に余計な負担**がかかってしまいます。

そこで、私たち介護職が実践しているポイントを紹介しますので、少しずつ意識して取り入れてみてください。

【移動介助のポイント】

●相手の麻痺がある側や筋力が落ちている側のやや斜め後ろに寄り添う
●相手に近いほうの手で、脇や肩、腰を支え、もう一方の手は相手の手を軽く握る
●体をなるべく近づけて、相手の歩調に合わせて一緒に歩く
●段差や障害物の存在を知らせるなど、こまめに声をかけ合う

【移乗介助のポイント】

●重心を低く保つことで、腰への負担をできるだけ抑える
●お互いの重心を近づけることで、安定感を高める
●相手の腕を胸の前で組むなど、相手の体を小さくまとめると動かしやすい
●ベッドと車椅子の高さを合わせる。上下移動よりも水平移動のほうが負担少
●力任せに押すのではなく、引く。押す力よりも引く力のほうが伝わりやすい
●体をねじらない。ねじった状態だと力が入りにくく、不安定になる
●テコの原理を応用し、相手の腰を支点にすると、小さな力で体を起こせる

文字だけだとわかりにくいかもしれませんので、次ページに、歩行のときのコツとベッドからの誘導、車椅子の乗り降りのやり方を、イラストを使って紹介します。参考にしてみてください。

体に負担のかからない介助のやり方

歩くのを支えたり、ベッドから起き上がらせたりといった動作は、毎日のこととなると大きな負担になります。上手に介助するコツをつかんで負担を減らしましょう。

移動介助　歩行時の寄り添い方

「やさしく寄り添う」ことを意識します。強引に引っ張ったり、急かせたりすることは、転倒の恐れを高めてしまうので避けましょう。片方の手を握り、もう片方の手で体を支えると安定します。

移乗介助

ベッドから誘導する

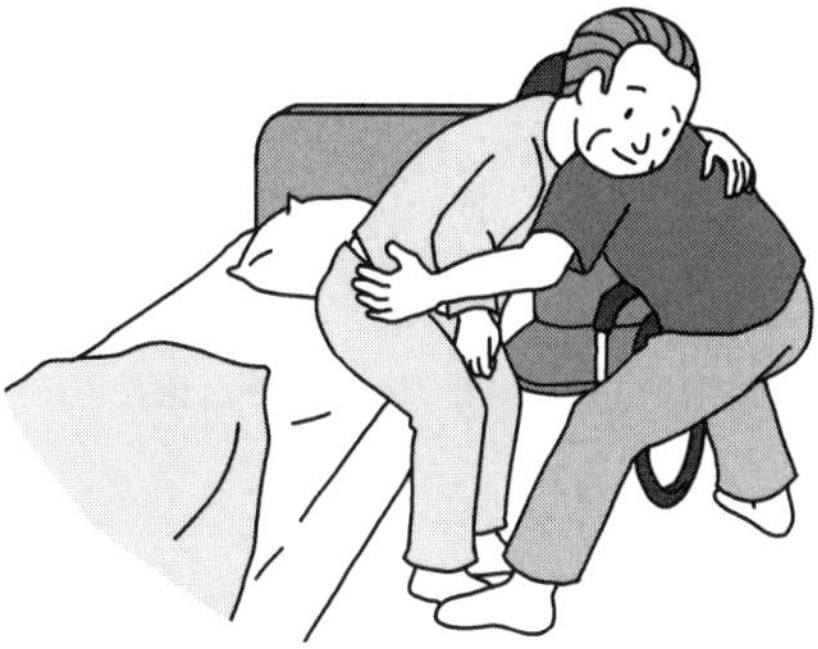

介護者は両足を肩幅ほど広げ、ベッドに浅く座った相手が前傾姿勢になるように誘導し、臀部《でんぶ》を浮かせます。

車椅子に座らせる

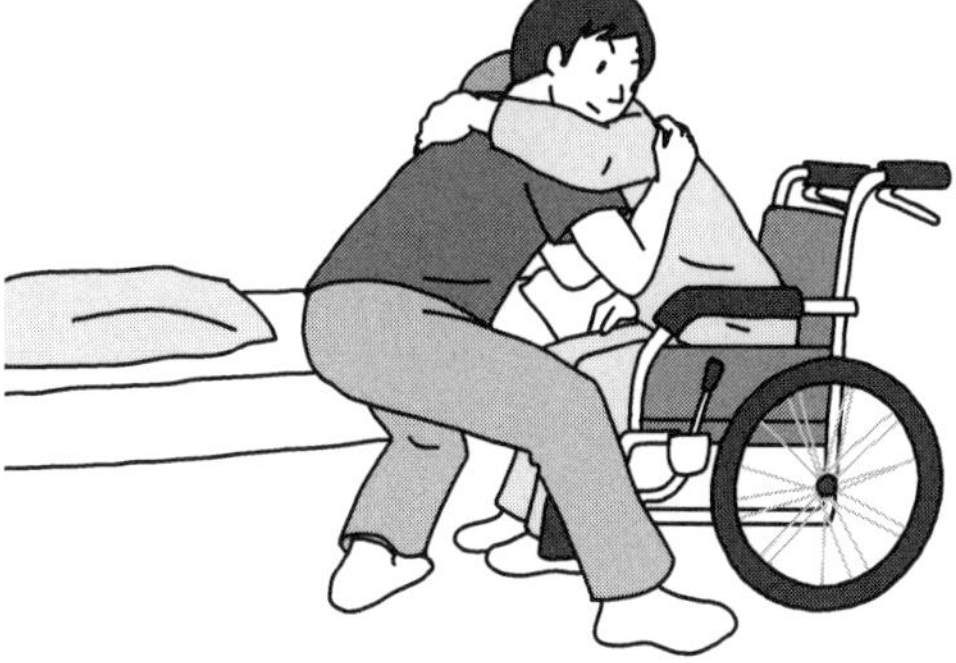

臀部の高さを保ったまま、軸足を意識して相手と一緒に回転し、ゆっくりと腰を下ろします。

おわりに

気力・体力だけで乗り切ろうとしても、老老介護には必ず無理が生じる——。

老老介護の当事者の皆さんに思いを巡らせると、いつもたどり着くのはこの問題意識でした。

当事者にとって老老介護は、2人で支えあっていくもので、2人で乗り越えていくものというイメージを持たれるかもしれません。

しかし、その周りには私たち介護・医療の専門職がいて、足元には国や地域の支えがどっしりと根を張っています。

まずはその仕組みを知っていただき、具体的にどんな支えを活用すればいいのかを理解するという知識と活用がとても重要になると考え、本書を執筆しました。

無医地区で訪問看護ステーションを運営していたときのことです。

私の祖母が病に倒れたという一報を受け、車を4時間走らせて病床に駆け付けたことがあります。

車中でハンドルを握り締める私の脳裏に駆け巡ったのは、「介護の役に立とうと励んできたのに、私にとって身近で大切なおばあちゃんのことは何もわかっていなかった」という自責の念でした。

介護に直面している、これからするかもしれない皆さんは、本書をきっかけに、夫婦や家族、地域とつながり、いつでも助けを求められるチームをつくっていただきたいと心から願っています。

2人だけで介護を背負い込まなくてもいいんだ。

助けを借り、ラクをしてもいいんだ。

多くの方々にそのように感じていただき、支援を具体的に活用していただけると幸いです。最後までお読みいただき、ありがとうございました。

看護師　坪田康佑

老老介護で知っておきたいことのすべて
幸せな介護の入門書

発行日　2023年 11 月 2 日　第 1 刷

著者　坪田康佑

本書プロジェクトチーム
編集統括　柿内尚文
編集担当　中村悟志
編集協力　久保範明、葛西由恵（インパクト）、鶴岡和也
企画協力　田代貴久、佐瀬絢香、平野佑佳（キャスティングドクター）
デザイン　岩永香穂（MOAI）
カバーイラスト　平澤南
本文イラスト　石玉サコ、なかきはらあきこ（1～16P）
ストレッチ監修　菊池英二（ルクール神楽坂）
図版デザイン　菊池崇＋櫻井淳志（ドットスタジオ）
DTP　ユニオンワークス
校正　東京出版サービスセンター

営業統括　丸山敏生
営業推進　増尾友裕、綱脇愛、桐山敦子、相澤いづみ、寺内未来子
販売促進　池田孝一郎、石井耕平、熊切絵理、菊山清佳、山口瑞穂、吉村寿美子、矢橋寛子、遠藤真知子、森田真紀、氏家和佳子
プロモーション　山田美恵、山口朋枝
講演・マネジメント事業　斎藤和佳、志水公美

編集　小林英史、栗田亘、村上芳子、大住兼正、菊地貴広、山田吉之、大西志帆、福田麻衣
メディア開発　池田剛、中山景、長野太介、入江翔子
管理部　早坂裕子、生越こずえ、本間美咲
マネジメント　坂下毅
発行人　高橋克佳

発行所　株式会社アスコム

〒105-0003
東京都港区西新橋2-23-1　3東洋海事ビル
編集局　TEL：03-5425-6627
営業局　TEL：03-5425-6626　FAX：03-5425-6770

印刷・製本　株式会社光邦

Printed in Japan ISBN 978-4-7762-1319-2